Marketing für Anfänger:

Wie Sie eine Marketingstrategie entwickeln, die Ihr Unternehmen langfristig erfolgreich macht.

Hans Wieler

Inhaltsverzeichnis

Vorwort 1

1. Der „Elevator-Pitch" – Präsentieren Sie sich richtig 3

1.1. Checkliste für den Elevator-Pitch 4

1.2. Die Feinheiten – Tipps zu den einzelnen Fragen 5

2. Marktanalyse 9

    2.1. Checkliste – Ihr Markt 9

3. Treiben Sie Marktforschung 12

    3.1. Konkurrenzanalyse 12

    3.2. Der Blick in die Zukunft – Trendforschung 15

    3.3. Branchendaten 16

    3.4. Beobachten Sie Ihre Konkurrenz 17

    3.5. Analysieren Sie Ihre Stärken und Schwächen 19

    3.6. Die Frage des richtigen Standortes 19

4. Wie Sie Ihr Marketing richtig planen 22

5. Kunden gewinnen Schritt für Schritt-für-Schritt 24

6. Suchen Sie Hilfe von außen 27

7. Finden Sie Ihre Marke 29

8. Wie Sie zu einem guten Slogan kommen 32

    8.1. Wie kommen Sie zu einem guten eigenen Slogan? 32

    8.2. Hilfsmittel und Ressourcen, um Slogans zu entwickeln 33

9. Corporate Identity 34

10. Wo ist Ihr Platz im Leben Ihres Kunden 36

11. Werbemailings 39

12. Guerillamarketing beim Sport 41

13. Telefonmarketing – Was geht und was nicht? 42

14. Internet – Das Telemediengesetz 44

15. Pressearbeit 46

16. Kundendaten richtig einsetzen 49

17. Eine Internetseite kostenlos aufbauen 51

18. Content-Marketing 53

    18.1. Elemente einer erfolgreichen
    Content-Marketing-Strategie 55

    18.2. Werden Sie Experte! 59

19. Wie Sie Dienstleistungen verkaufen 61

20. Marketing auf der Messe 64

21. Neue Dienstleistungen mit Kreativmethoden entwickeln 68

22. Seien Sie einfach besser! 70

Vorwort

Marketing stellt für Unternehmensgründer immer noch eine der größten Herausforderungen da. Dieses Buch soll Ihnen eine solide Grundlage liefern, um sich das nötige Fachwissen anzueignen. Sie lernen in diesem Ratgeber, wie Sie Schritt für Schritt ein funktionierendes Marketingkonzept für Ihr Unternehmen erstellen.

Wir starten als Allererstes mit einer klassischen Einsteigersituation – dem Elevator-Pit. Sie müssen sich und Ihre Geschäftsidee dabei in wenigen Minuten überzeugend präsentieren. Sie lernen, worauf es dabei ankommt und wie Sie diese Aufgabe erfolgreich meistern.

Als Nächstes befassen wir uns mit dem Markt, in den Sie mit Ihrem Unternehmen einsteigen wollen. Sie lernen, wie Sie den Markt richtig analysieren und erfolgreiche Marktforschung betreiben, die Ihnen die richtigen Daten und Fakten für Ihre unternehmerischen Entscheidungen liefern. Lernen Sie Ihren Markt richtig einzuschätzen und die künftige Entwicklung korrekt zu prognostizieren. Die Frage zum richtigen Standort wird hier angesprochen, ebenso Konkurrenzbeobachtung – und Analyse.

Es geht dann weiter mit Marketingstrategie, wir machen uns Gedanken über Marke und Logo sowie die typischen Teilaspekte des Marketings wie die verschiedenen Aquiseformen, Messebesuche, das Auftreten im Internet und vieles mehr.

Wir kommen dann noch zum Einsatz von Kundendaten für Marketingzwecke zu sprechen und zum Einsatz von Kreativitätstechniken zum Entwickeln neuer Marketingkonzepte.

Es versteht sich von selbst, dass ein so komplexes Thema wie Marketing in einem so kompakten und bewusst kurz und übersichtlich gehaltenen Ratgeber nicht bis ins allerletzte Detail ausgebreitet werden kann. Marketing ist ein breites Wissensgebiet, das viele Aspekte

Hans Wieler

umfasst und zu dem genügend Bücher geschrieben worden sind, um ganze Bibliotheken damit zu füllen. Zu vielen Spezialaspekten des Themas gibt es Berge gesonderter Literatur, zum Beispiel zum Thema Direktwerbung, Internetmarketing oder Messebesuche. Selbstverständlich schneiden wir in diesem Buch alle diese Themen an, können aber aufgrund der großen Bandbreite des Themas nicht alle Punkte so ausgiebig betrachten, wie es vielleicht wünschenswert gewesen wäre.

Was dieses Buch bietet, ist eine kompakte Anleitung für Einsteiger. Es wendet sich vor allem Gründer, Entrepreneure und alle, die sonst einen Bedarf an einer umfassenden Einführung in dieses komplexe Thema haben.

Ich hoffe, dass dieses Buch Ihnen eine echte Hilfe beim Einstieg in Ihre Marketingbemühungen sein wird und wünsche Ihnen dabei viel Erfolg.

1. Der „Elevator-Pitch" – Präsentieren Sie sich richtig

Stellen Sie sich vor, Sie betreten einen Aufzug und treffen dort plötzlich jemanden, der dazu bereit ist, ein millionenschweres Investment in Ihr Unternehmen zu machen. Sie haben aber nur die wenigen Sekunden im Aufzug, um seine Aufmerksamkeit zu wecken und Ihren potentiellen Investor von Ihrem Unternehmenskonzept und von Ihrer Persönlichkeit zu überzeugen.

Man bezeichnet diese extrem kurze, knackige Form der Präsentation aus dem amerikanischen auch als „Elevator-Pitch".

Sie fahren bis in den zehnten Stock, dass dauert nicht allzu lange. Es stehen Ihnen wahrscheinlich nur 25 bis 30 Sekunden zur Verfügung, um Ihren Gesprächspartner zu überzeugen.

Selbstverständlich wird diese Art der Präsentation, die hier gefragt ist, in den seltensten Fällen tatsächlich im Fahrstuhl angewendet. Der Elevator-Pitch ist eine Form der wirkungsvollen Kurzpräsentation, mit der Sie in wenigen Sätzen auf Partys, Messen, in Business-Meetings, Kundengesprächen, in öffentlichen Verkehrsmitteln, kurz überall, einem Gesprächspartner in kürzester Zeit Ihr Unternehmenskonzept präsentieren können.

Die Herausforderung ist klar: Sie haben nur sehr wenig Zeit, die Aufmerksamkeit Ihres Gesprächspartners zu wecken und Ihr Businesskonzept zu erklären.

Um einen überzeugenden und funktionierenden Elevator-Pitch zusammenzustellen, verwenden Sie am besten die folgende kleine Checkliste, die Ihnen helfen wird, Struktur in das Ganze zu bringen.

Hans Wieler

1.1. Checkliste für den Elevator-Pitch
Beantworten Sie die folgenden Fragen möglichst knapp und eindeutig und fügen Sie die Antworten auf die Fragen zu einem zusammenhängenden Text zusammen, und Sie haben einen ersten Entwurf für Ihren Elevator-Pitch.

- Wie heißen Sie?
- Was machen Sie?
- Wer braucht das, was Sie anbieten?
- An wen wenden Sie sich?
- Welche Lösungen bieten Sie an?
- Was ist das Einzigartige an Ihren Lösungen?

Hier ist ein Beispiel mit Antworten auf die Fragen. So könnte ein Elevator-Pitch aussehen.

- Wie heißen Sie?

Mein Name ist Kurt Nübel.

- Was machen Sie?

Ich verkaufe Riesencurrywürste mit Spezialsoße.

- Wer braucht das, was Sie anbieten?

Leute, die großen Hunger haben und eine schnelle Mahlzeit brauchen.

- An wenden Sie sich mit ihrem Angebot?

Besonders an arbeitende Menschen aus den umliegenden Bürohäusern, Geschäften und Baustellen, die in Ihrer Mittagspause eine anständige Mahlzeit zu sich nehmen wollen.

- Welche Lösungen bieten Sie?

Sie bekommen bei mir eine 35 Zentimeter lange Currywurst mit einer großen Portion Pommes frites.

- Was ist das einzigartige an Ihren Lösungen?
Currywurst und Pommes sind vollständig gluten- und laktosefrei. Außerdem biete ich hausgemachte Currysoßen in fünf verschiedenen Schärfegraden an.

1.2. Die Feinheiten – Tipps zu den einzelnen Fragen
Gehen wir jetzt die einzelnen Fragen noch einmal der Reihe nach durch und machen wir uns Gedanken, wie wir die bestmögliche, effektvollste Antwort finden. Denken Sie daran, Sie haben nur gut 20 Sekunden, um das Interesse Ihres Gesprächspartners zu wecken.

Ihr Name?
Diese Frage sollte keine nähere Erklärung benötigen. Falls doch, dann…

Was machen Sie?
Versuchen Sie, Ihre Tätigkeit oder Ihr Angebot in einem einzigen, nicht zu langen Satz darzustellen. Es muss auf Anhieb klar sein, was Sie machen, es muss aber noch nichts bis ins Detail erklärt werden. Ihr Gesprächspartner soll nur eine erste, grobe Vorstellung davon bekommen, was Sie machen.

Sie können die Antwort auf diese Frage gerne etwas aufpeppen, indem Sie die Antwort witzig oder geheimnisvoll ausfallen lassen. Auf diese Weise wecken Sie zusätzliches Interesse und machen den Gesprächspartner neugierig, vorausgesetzt, Sie übertreiben es dabei nicht.

Eine witzige Antwort könnte zum Beispiel lauten:
„Bei mir können Sie etwas Scharfes, Heißes, bekommen" oder

„Ich biete Ihnen erste Hilfe bei große Hunger"

Sie sehen schon, beide Antworten verleiten dazu, genauer nachzufragen: „Was genau machen Sie da?" Und genau das ist ja gewollt, auf einfache Weise mit dem gegenüber in ein Gespräch über Ihr Geschäft zu kommen. Deswegen üben und feilen Sie an diesem Einleitungssatz, ganz gleich, ob Sie sich für eine witzige oder neutrale Variante entscheiden. Wichtig ist nur, dass das Interesse des Gesprächspartners geweckt wird und dass er einen ersten Eindruck von Ihrer Tätigkeit bekommt. Sie können an diesem Einleitungssatz gar nicht genug arbeiten. Testen Sie verschiedene Varianten, bis Sie die passende gefunden haben!

Wer braucht das, was Sie anbieten?

Wer kauft ihr Produkt? An wen wenden Sie sich mit Ihrem Angebot? In unserem Beispiel handelt es sich um Berufstätige, die in der Nähe ihres Arbeitsplatzes eine kräftige Mahlzeit zu sich nehmen wollen und dabei auf etwas Herzhaftes setzen. Vermutlich werden es eher Männer als Frauen sein, da Frauen im Allgemeinen kalorienbewusster sind.

An wen wenden Sie sich mit Ihrem Angebot?

Im Grunde ist dies die gleiche Frage wie die voran gegangene, nur etwas anders gestellt. Sie können beide Fragen beantworten und die Arbeiten in Ihren Elevator-Pitch mit einbauen. Oder Sie beantworten nur eine der Fragen, je nachdem, welche für Sie leichter zu beantworten ist. Nur eine der beiden Fragen müssen Sie beantworten, denn dies ist ein wichtiges Element Ihres Elevator-Pitchs.

Welche Lösungen bieten Sie?

Diese Frage ist ein Kernelement. Was bieten Sie für eine Problemlösung an. Denn damit der Gesprächspartner einen Bezug zu seiner eigenen Situation herstellen kann, müssen Sie Lösungen bieten. Ihr Gesprächspartner wird sich bis jetzt noch denken, „Aha, und was habe ich davon?" Machen Sie Ihrem Gesprächspartner klar, welches

Problem Sie lösen können. „Wenn es in der Kantine mal wieder nichts Vernünftiges zu Essen gibt oder die womöglich einen Vegetarier-Tag einlegen – meine Riesencurrywürste stillen auch den größten Hunger und können auch in einer kurzen Pause gegessen werden. Natürlich gibt es die auch zum Mitnehmen. Sie können auch telefonisch vorbestellen."

Was ist das Einzigartige an Ihren Lösungen

Ein weiterer Knackpunkt. Was unterscheidet Ihr Angebot von dem der Konkurrenz. Welchen Grund gibt es, dass der Kunde gerade bei Ihnen kaufen soll und nicht, um bei unserem Beispiel zu bleiben, bei irgendeinem anderen Imbiss in der Nähe. In unserem Beispiel mit Wurst können Sie die ungewöhnlich großen Portionen und die große Soßenauswahl hervorheben sowie die Tatsache, dass alle Produkte gluten- und laktosefrei sind. Diesen einzigartigen Punkt bezeichnet man auch als Alleinstellungsmerkmal oder „unique selling point". Eins sollten Sie übrigens niemals zum Alleinstellungsmerkmal machen: Den ungewöhnlich niedrigen Preis Ihrer Produkte.

Es wird nämlich immer irgendjemanden geben, der noch billiger kann als Sie und dann geraten Sie in einen ruinösen Preiskampf. Setzen Sie stattdessen besser auf einzigartige Produktmerkmale und hohe Qualität. Als Billigheimer können Sie als Neuling kaum erfolgreich sein.

PLB – die Alternative
Sie können das Ganze auch anders angehen und Ihre Präsentation nach dem PLB-Schema aufziehen. Was bedeutet das?

Nun, P steht für Problem. Welches Problem hat mein Kunde?

L steht für Lösung: Welche Lösung biete ich meinem Kunden?

B bedeutet Bild. Welches Bild kann ich verwenden, um das Ganze zu veranschaulichen?

PROBLEM: Wieder nur vegetarischer Eintopf in der Kantine. Oder noch schlimmer, gar keine Kantine. Der Magen knurrt und verlangt nach etwas Herzhaftem.

LÖSUNG: Die schnelle Riesencurrywurst mit Pommes frites. Schnell zubereitet, schnell gegessen, mit zehn verschiedenen Soßen. Dabei auch bekömmlich für Menschen mit Nahrungsmittelempfindlichkeit da gluten- und laktosefrei.

BILD: Das Bild ist der eigentliche Knackpunkt bei der PLB-Methode. Sie müssen ein anschauliches Bild finden, das sich im Kopf des Kunden festsetzt. Zum Beispiel: „Wenn Ihr Magen wieder mal so knurrt, dass es sich anhört, als wenn ein Tiger aus dem Zoo ausgebrochen ist, dann hilft nur noch die Riesencurrywurst. Mit diesen Elefantenschwengeln ist der Hunger im Handumdrehen vergessen. Dazu feurige Saucen, die zusammen mit den goldbraunen Pommes Frites zu einer regelrechten Geschmacksexplosion führen."

Das Grundprinzip der PLB-Lösung ist Ihnen soweit klargeworden? Ob Sie nun das klassische Schema für den Elevator-Pitch verwenden oder die simplere PLB-Variante, bleibt ihnen überlassen. Je nach Produkt kann das eine oder andere Schema die bessere Lösung sein. Falsch machen können Sie mit beiden Varianten nichts.

2. Marktanalyse

Sie haben jetzt viel Mühe und Gedankenarbeit investiert und sich das Gehirn zermartert, wie Sie zu einer guten Kurzpräsentation kommen. Das Ergebnis sollte jetzt eine nette kleine Story sein, die Sie so schnell wie möglich in- und auswendig kennen sollten. Wenn Sie jemand morgens um vier Uhr aus dem Bett zerrt, sollten Sie sofort und auf Anhieb ihren Text abspulen können. Sie müssen dabei 100 Prozent sicher sein.

Aber wenn Sie soweit sind, dann stellt sich die Frage: Wem sollen Sie Ihre Kurzpräsentation vorstellen? Es ist ja wahrscheinlich nicht sinnvoll, jeden Unbekannten mit Ihrem Elevator-Pitch zu beglücken, denn nicht jeder kommt als Kunden für Ihr Produkt in Frage.

Im Falle der Wurstbude scheiden zum Beispiel Vegetarier und kalorienbewusst lebende Menschen als Kunden aus.

Gibt es auf dem Markt eine Nachfrage für Ihr Angebot? Um eine Antwort auf diese Frage zu finden, müssen wir den Markt etwas genauer unter die Lupe nehmen.

Zu diesem Zweck haben wir einen Fragebogen entwickelt, den Sie am besten der Reihe nach abarbeiten

2.1. Checkliste – Ihr Markt

Wie groß ist die Gruppe Ihrer Potentiellen Kunden?

Machen Sie sich genaue Gedanken: Wer sind Ihre Kunden? An wen verkaufen Sie? Wie viele Menschen dieser Personengruppe gibt es in Ihrem Einzugsradius, in dem Sie Ihre Dienstleistung anbieten?

Betreiben Sie umfangreiche Recherchen über Ihr Verkaufsgebiet. Wo verkaufen Sie? In welchem Einzugsradius wohnen Ihre Kunden? Versuchen Sie an Zahlen, Daten und Fakten von Unternehmen zu kommen, die mit Ihrem vergleichbar sind. Es gibt zahlreiche Statistiken, die öffentlich zugänglich sind. Anlaufstellen sind Industrie- und Handelskammer, das Statistische Bundesamt, lokale Behörden vor Ort. Untersuchen Sie die Webseiten und Veröffentlichungen jeglicher Art von Konkurrenten. Jeder Hinweis auf konkrete Fakten ist hilfreich.

Dieser Teil der Recherche ist mit viel Arbeit verbunden, die sich aber lohnt, da die gewonnen Informationen wichtige Daten für Ihre Entscheidungen liefern.

Gibt es Kundengruppen, die Ihre Konkurrenten noch nicht angesprochen haben?

Können Sie vielleicht neue Zielgruppen für Ihr Angebot erschließen, an die Sie bisher noch gar nicht gedacht haben und auf die Ihre Konkurrenz womöglich auch noch nicht gekommen ist?

Seien Sie kreativ und bringen Sie Ihre Fantasie in Schwung! Gibt es Gruppen, die Sie mit Ihrem Marketing nicht ansprechen und völlig übersehen haben? Häufig vergessen werden Senioren, Frauen und Ausländer.

Sind die Zugänge zu Ihrem Geschäft leicht erreichbar? Auch für ältere Menschen? Verkaufen Sie in einer Gegend mit einem hohen Anteil ausländischer Mitbürger? Dann machen vielleicht türkische Beschilderungen einen Sinn.

Machen Sie Ihr Angebot gut zugänglich für ältere Menschen. Verwenden Sie große Schrifttypen. Legen Sie eine Rollstuhlrampe an, wenn notwendig. Verleihen Sie kleine Transportwagen gegen Pfand, damit alte Menschen ihre Ware leichter nach Hause bekommen.

Oder spezialisieren Sie sich. Entwickeln Sie ein Angebot, dass auf eine bestimmte Religionsgemeinschaft, Menschen mit einem bestimmten Hobby oder Ähnliches angestimmt sind. Es kommt darauf an, dass Sie einträgliche Nischen finden, die die Konkurrenz aus den verschiedensten Gründen bisher nicht besetzt hat. Oft weil sie schlicht übersehen wurden.

Wird die Zahl Ihrer Kunden in Zukunft eher steigen oder fallen?

Wie ist die zukünftige Entwicklung? Wird die Zahl Ihrer Kunden eher steigen oder fallen? Denken Sie an die demografische Entwicklung. Die Zahl älterer Menschen wird schon in naher Zukunft rasant ansteigen, während junge Menschen zunehmend seltener werden. Wenn Sie sich mit Ihrem Angebot an Senioren wenden, werden Sie zumindest nicht mit einem Schrumpfen der Kundenbasis rechnen müssen. Aber auch andere Einflüsse können eine Rolle spiele? Ziehen Menschen neu in Ihre Gegend oder leben Sie in einem Wegzugsgebiet, das sich allmählich leert? In vielen Regionen Deutschlands, vor allem in ländlichen Gebieten und in den neuen Bundesländern geht die Einwohnerzahl zurück, während Boomregionen wie München oder das Umfeld von Hamburg mit steigenden Einwohnerzahlen rechnen können.

3. Treiben Sie Marktforschung

Sicherlich haben Sie sich auch gefragt, wie Sie an die ganzen Informationen kommen sollen, die Sie zur Beantwortung all der Fragen aus dem vorangegangenen Artikel benötigen. Nun es gibt nur eine Lösung: Sie müssen Marktforschung betreiben. Das hört sich jetzt erst mal teuer und aufwändig an. Und wenn Sie tatsächlich ein Marktforschungsinstitut beauftragen, kann es tatsächlich teuer werden. Aber es gibt eine Menge Maßnahmen, die Sie selbst durchführen können und die dabei gar nicht besonders teuer sind.

Schauen wir uns also im Folgenden an, was Sie selbst tun können, um Marktforschung zu betreiben. Wie kommen Sie zu den Daten und Fakten, die Sie brauchen, um Ihre eigenen Marketingmaßnahmen richtig zu planen?

3.1. Konkurrenzanalyse

Eine der wichtigsten Maßnahmen zur Marktforschung ist die sorgfältige Analyse Ihrer Wettbewerber. Nehmen Sie Ihre Konkurrenz genau unter die Lupe. Tragen Sie alles an Daten und Fakten zusammen, was Sie über Ihre Wettbewerber herausbekommen können. Sehen Sie sich jedes Detail an. Wie gestalten Ihre Konkurrenten Ihre Werbung? Was für Dienstleistungen oder Waren bieten sie an und zu was für Preisen? Wo unterscheidet sich das Angebot der Konkurrenz von Ihrem eigenen Angebot? Gibt es Schwächen, die Sie ausnutzen können? Oder hat ein Mitbewerber eine Marktlücke beackert, die Sie bisher übersehen haben?

Wie sehen die Internetseiten Ihrer Konkurrenten aus? Gibt es hier interessante Ideen, von denen Sie sich inspirieren lassen können? Wie sprechen Ihre Mitbewerber die Kunden und Interessenten auf Ihrer Homepage an, welche Anstrengungen unternehmen sie, um an Kundendaten und E-Mail-Adressen zu kommen?

Sammeln Sie Material über Ihre Mitbewerber, und zwar systematisch. Legen Sie Ordner an, in denen Sie die Informationen zusammentragen. Sie müssen einen möglichst vollständigen Überblick über den Markt bekommen.

Achten Sie dennoch darauf, nicht einfach von Ihren Konkurrenten abzukupfern. Nicht alles, was Ihre Mitbewerber machen, muss eine gute Idee sein. Hinterfragen Sie immer alles und beobachten Sie Ihre Mitbewerber immer wieder, um zu sehen, ob sich an deren Strategie und Vorgehensweise in Sachen Marketing etwas verändert.

Übrigens: Der beste Weg einen schnellen Überblick über Ihre Mitbewerber zu bekommen, ist das Branchenverzeichnis „Wer liefert Was?"

www.wlw.de

Allgemeinere Daten zu bestimmten Regionen und Branchen finden Sie auf den folgenden Webseiten:

Statistisches Bundesamt

Das Statistische Bundesamt bietet Ihnen einen kostenlosen Zugang zu einer umfassenden Basis an Daten über die Bevölkerung. So finden Sie Daten über Einkommen und Ausstattung privater Haushalte in verschiedenen Regionen.

www.destatis.de

Statistische Landesämter

Auch auf den Seiten der statistischen Landesämter finden sich eine Fülle von nützlichen Informationen.

Baden Württemberg: www.statistik-bw.de

Bayern: www.bayern.de/LFSTAD/

Berlin-Brandenburg: www.statistik-berlin-brandenburg.de

Bremen: www.statistik.bremen.de

Hamburg und Schleswig-Holstein: www.statistik-nord.de

Hessen: www.statistik-hessen.de

Mecklenburg-Vorpommern: www.statistik-mv.de

Niedersachsen: www.statistik.niedersachsen.de

Nordrhein-Westfalen: www.it.nrw.de

Rheinland-Pfalz: www.statistik.rlp.de

Saarland: www.statistik.saarland.de

Sachsen: www.statistik.sachsen.de

Sachsen-Anhalt: www.statistik.sachsen-anhalt.de

Thüringen: www.statistik.thueringen.de

Statistikämter der Gemeinden

Auch die Gemeinden betreiben oft eigene Statistikämter und bieten vielfach interessante Statistiken mit regionalem Bezug an. Fast alle Städte und Gemeinden veröffentlichen beispielsweise statistische Jahrbücher. Es lohnt sich bei Ihrer Gemeinde einfach einmal nachzufragen. Oft hilft auch eine Google-Suche weiter: Gemeinde (Name) + Statistiken.

Werben und Verkaufen

Kennen Sie die Zeitschrift „Werben und Verkaufen"? Diese Publikation bietet auf ihrer Internetseite eine Reihe von hochinteressanten Zusammenfassungen von Marktstudien an. Vielleicht finden Sie auch über Ihren Markt interessante Informationen. Es lohnt sich jedenfalls, einfach mal vorbei zu surfen:

www.wuv.de

Kostenpflichtige Datenbanken.

Neben den ganzen bereits genannten kostenlosen Quellen für Informationen gibt es auch kommerzielle Datenbanken, die Ihnen gewünschte Informationen gegen ein entsprechendes Entgelt liefern. Überlegen Sie sich im Vorfeld, ob die angebotenen Informationen Ihnen wirklich weiterhelfen.

www.gbi.de

www.schober.de

3.2. Der Blick in die Zukunft – Trendforschung

Wer weiß, was die Zukunft bringt, ist klar im Vorteil. Auf den Blick in die Zukunft haben sich Trendforscher spezialisiert, die versuchen die künftigen Entwicklungen in bestimmten Märkten vorauszusagen. Erfreulicherweise stellen die Trendforscher einen großen Teil ihrer Erkenntnisse online zur Verfügung. Ein Blick auf die folgenden Webseiten der wichtigsten Trendforscher lohnt sich daher allemal.

Das Zukunftsinstitut: www.zukunftsinstitut.de

Z-Punkt The Foresight Company: www.z-punkt.de

Unter den folgenden Adressen können Sie außerdem zwei Newsletter abonnieren, die regelmäßig per E-Mail über interessante Trends auf dem Laufenden halten:

www.trendletter.de

www.marketing-trendinformationen.de

Es lohnt sich definitiv, sich mit diesen Publikationen zu befassen. Versuchen Sie die Zukunft schon jetzt in Ihre unternehmerischen Beziehungen mit einzubeziehen und Ihren Wettbewerbern einen Schritt voraus zu sein.

3.3. Branchendaten

Deutschland ist das Land der Vereine und Verbände. Praktisch jeder Berufsstand, jede Branche, hat einen eigenen Verband, der die Interessen der jeweiligen Verbandsmitglieder vertritt. Dazu kommen noch übergreifende Organisationen wie die Industrie- und Handelskammern, die Handwerkskammern und vieles mehr.

Auf dem Portal www.verbaende.de können Sie die Adressen von mehr als 12.000 verschiedenen Verbänden abrufen.

Allgemeine Wirtschaftsdaten können Sie dagegen auf den Webseiten der Industrie- und Handelskammern (IHK) recherchieren.

Auf www.dihk.de gelangen Sie zur bundesweiten Seite der Deutschen Industrie- und Handelskammern. Sie finden dort Verweise zu regionalen Seiten der jeweiligen Kammern vor Ort mit regionsspezifischen Infos und Statistiken.
www.gfk.de

Weitere Marktforschungsinstitute mit zum Teil kostenlosem Material finden Sie über www.bvdw.or und www.synergy.de

Das Institut für Demoskopie in Allensbach hält unter www.ifd-allensbach.de längerfristige Studien zu gesellschafts- und damit natürlich auch wirtschaftsrelevanten Themen zum Download bereit (z. B. „Kundenmentalität und Konsumverhalten"). Interessant hier vor allem auch die im „Archiv online" veröffentlichten Langzeitstudien (seit 1993) zur Erfassung langfristiger Trends.

Und sollten Ihre Marketingambitionen auf das Ausland zielen: Unter www.bfai.de kommt man an kostenpflichtige Informationen der Bundesagentur für Außenwirtschaft, z. B. Marktanalysen, Wirtschafts-Daten und Wirtschaftsberichte aus über 200 Ländern.

3.4. Beobachten Sie Ihre Konkurrenz

Leider sind Sie sehr wahrscheinlich nicht der einzige Anbieter auf Ihrem speziellen Markt. Werfen Sie einfach mal einen Blick in die Gelben Seiten. Oder googeln Sie im Internet. Sie werden sehr schnell feststellen, dass Sie auf Ihrem Markt nicht allein sind, sondern dass sich dort jede Menge Konkurrenten tummeln. Oder „Wettbewerber" wie man heutzutage politisch korrekt sagt. Wie viele Konkurrenten haben Sie? 10? 15? Oder 25? Wie auch immer Ihre Recherche ausfällt, mit allen diesen Unternehmen stehen sie im Wettbewerb. Und dazu kommen noch einige, die Sie nicht auf diesem Wege auf die Schnelle gefunden haben...

Sie müssen sich darüber einen Überblick verschaffen: Wer sind Ihre Mitbewerber? Was bieten ihre Mitbewerber an? Wie betreiben Sie ihr Marketing und wie sind deren Preise strukturiert? Welche Serviceleistungen bieten Ihre Mitbewohner an?

Sie müssen die Antworten auf diese Frage kennen und wissen, wie Ihre Konkurrenten arbeiten. Nur wenn Sie einen Überblick über den Markt haben und wissen, was Ihre Konkurrenten in petto haben, können Sie Ihr eigenes Unternehmen erfolgreich am Markt positionieren und sich von den Angeboten Ihrer Mitbewerber abheben.

Was können Sie konkret unternehmen, um die Angebote Ihrer Konkurrenz auszuwerten?

Aus folgenden Quellen können Sie mehr über Ihre Mitbewerber erfahren:

- Sammeln Sie Plakate, Prospekte und Werbebriefe Ihrer Mitbewerber und werten Sie diese systematisch aus.
- Werten Sie die Werbeanzeigen Ihrer Mitbewerber in den Gelben Seiten, in Anzeigenblättern und in „Wer-liefert-was" aus.
- Betreiben Sie eine intensive Internetrecherche und werten Sie

die Onlineangebote Ihrer Mitbewerber aus. Wie sind deren Internetseiten strukturiert? Welche Möglichkeiten nutzen Ihre Mitbewerber, um über das Internet Interessenten zu sammeln und Kundenanfragen zu generieren?

- Sehen Sie sich auf Messen um und lernen Sie Ihre Mitbewerber und deren Mitarbeiter persönlich kennen. Sehen Sie sich deren Standpräsentationen an, decken Sie sich mit Infomaterial ein und versuchen Sie, so viel wie möglich in Erfahrung zu bringen.

Finden Sie unbedingt Antworten auf die folgenden Fragen:

- Welche Konkurrenten gibt es?
- Was bieten diese Konkurrenten konkret an?
- Wie wird sich der Markt ändern? Werden in absehbarer Zukunft weitere Konkurrenten dazu kommen?
- Falls Ja: Was wollen Sie dagegen unternehmen?
- Was können Sie, was Ihre Konkurrenz nicht kann? Wo Sind Sie besser? Was können Sie billiger besser und schneller als Ihre Mitbewerber?
- Stoßen Sie mit Ihrem Angebot in eine Marktlücke oder müssen Sie von Beginn an gegen eine bereits am Markt etablierte Konkurrenz kämpfen?
- Was werden Ihre Konkurrenten gegen Sie unternehmen?
- Wie werden Sie mit diesen Reaktionen umgehen? Wie werden Sie reagieren, wenn Konkurrenten mit aggressiven Maßnahmen wie beispielsweise Preisdumping auf Ihren Markteintritt reagieren?

3.5. Analysieren Sie Ihre Stärken und Schwächen

3.6. Die Frage des richtigen Standortes

Wenn Sie kein rein virtuelles Geschäft betreiben, das ausschließlich im Internet existiert, werden Sie irgendwann ein richtiges Geschäft mit eigenen Büros oder Geschäftsräumen eröffnen wollen. Ein sogenanntes „Brick-And-Mortar-Business", also ein Geschäft aus Backsteinen und Mörtel mit einer physischen Präsenz.

Dabei gibt es eine Frage, die absolut entscheidend für den Erfolg eines physischen Ladengeschäfts ist. Auch für Praxen und Kanzleien ist dieser Faktor von entscheidender Bedeutung. Und zwar geht es um die Wahl des richtigen Standortes. Wie können Sie den richtigen Standort ermitteln, beziehungsweise feststellen, ob ein vorhandener Standort geeignet ist?

Es gibt eine Liste von Fragen, die Sie vollständig abarbeiten sollten, um die Standortfrage zu klären und die Frage für Ihr Geschäft zufriedenstellend zu lösen.

Stellen Sie sich die folgenden Fragen:

Warum sagt Ihnen dieser Standort zu?

Warum wollen Sie diesen Standort beziehungsweise warum haben Sie sich seinerzeit dafür entscheiden? Was waren die ausschlaggebenden Beweggründe? Inwieweit handelte es sich dabei um wirklich rationale Beweggründe, die etwas mit Ihrem Geschäft zu tun hatten und in wie weit spielten ganz andere, oft rein emotionale Motive eine Rolle (Der Laden war nahe bei meiner Wohnung, das Haus hat mir gefallen, ich mag die Gegend?) Seien Sie ehrlich zu sich selbst und hinterfragen Sie Ihre Entscheidung. Werden Sie sich über Ihre Motive klar!

Wie findet der Kunde an diesem Standort zu Ihnen?

Wie können potentielle Kunden zu Ihrem Geschäft an diesem Standort gelangen? Gibt es ausreichend Parkplätze in unmittelbarer Nähe?

Gibt es fußläufig erreichbare Haltestellen für öffentliche Verkehrsmittel? Ist ihr Geschäft leicht zu finden oder liegt es in einer versteckten Nebenstraße, die ohne Stadtplan oder Anfahrtsskizze nur mühsam zu finden ist.

Was brauchen Sie wirklich an Ihrem Standort, um Ihr Geschäft erfolgreich zu betreiben?

Brauchen Sie einen großen Lagerraum? Brauchen sie repräsentative Büroräume? Ein helles Ladenlokal mit großen Schaufenstern? Oder reicht schon ein ganz kleines und kompaktes Ladenlokal? Benötigen Sie einen Lastenaufzug, einen großen Parkplatz? Ist eine gute Verkehrsanbindung wichtig, zum Beispiel eine Autobahnauffahrt oder ein Gleisanschluss?

Welche konkreten Vorteile bietet Ihnen dieser Standort?

Listen Sie im Detail auf, welche konkreten Vorteile Ihr gewählter Standort bietet, Zum Beispiel:

- Großes Platzangebot
- Kundennähe
- Gute Erreichbarkeit
- Keine behördlichen Auflagen
- Nähe zu den Wettbewerbern
- Gute Erreichbarkeit
- Geringe Miete, niedrige Kosten

Passt Ihr Standort wirklich zu Ihrer Geschäftsidee?

Finden Sie Argumente, warum Ihr Standort zu Ihrer Geschäftsidee passt. Wenn Sie Würstchen verkaufen, könnte zum Beispiel ein Standplatz auf einem Supermarktplatz eine gute Idee sein, weil dort täglich tausende von potentiellen Kunden an Ihrer Würstchenbude vorbeikommen und in unmittelbarer Nähe Ihres Geschäfts parken.

Warum sollte ein neuer Kunde Sie gerade an diesem Standort vermuten?

Wenn Sie neu im Geschäft sind, und die Leute Sie noch nicht kennen – warum sollte ein neuer Kunde Sie gerade an jenem Standort vermuten, den Sie ausgesucht haben? Warum könnten Kunden auf die Idee kommen, Sie dort zu suchen, wo Sie Ihren Standort gewählt haben. Zum Beispiel Ihren Würstchenstand auf dem Supermarktplatz. War dort vielleicht schon immer ein Imbiss und Ihre Kunden erinnern sich noch an Ihren Vorgänger auf diesem Standplatz und gehen ganz selbstverständlich davon aus, dort einen Würstchenstand vorzufinden? Versuchen Sie sich, in Ihren Kunden hineinzudenken. Was geht in seinem Kopf vor?

Wie auch immer Ihre Überlegungen zum Thema Standort ausfallen mögen. Ganz wichtig ist, dass Sie die wichtigste Grundregel beherzigen: Der Köder muss dem Fisch schmecken und nicht dem Angler. Entscheidend bei der Wahl des richtigen Standortes ist, dass der Standort Ihre Kunden anspricht. Ihre eigenen Vorlieben sind demgegenüber nachrangig.

Versuchen Sie Ihren Standpunkt immer aus dem Blickwinkel Ihrer Kunden zu sehen. Sehen Sie durch die Augen Ihrer Kunden und wählen Sie danach Ihren Standort. Wenn Sie sich an den Bedürfnissen und Wünschen Ihrer Kunden orientieren, ist Ihr Erfolg praktisch nicht aufzuhalten.

4. Wie Sie Ihr Marketing richtig planen

Das neue Jahr kommt immer wieder ganz plötzlich und überraschend. Plötzlich ist es da. Und meistens machen wir genau so weiter wie im vergangenen Jahr. Das gilt ganz besonders für das Marketing. Nutzen Sie die Chance, die Ihnen der nächste Jahreswechsel bietet und nutzen Sie die Gelegenheit, um für das nächste Jahr einen differenzierten Marketingplan auszuarbeiten...

- Was wollen Sie, wo, wofür unternehmen?
- Wie viel wollen Sie, für welche Maßnahme, ausgeben?

Beginnen Sie rechtzeitig mit der Planung, damit Sie im neuen Jahr mit einem fertig ausgearbeiteten Marketingplan starten können und es keinerlei Unsicherheiten gibt.

Am besten, Sie legen sich für die Planung eine Excel-Tabelle an mit Spalten für die entsprechenden Rubriken:

- Anzeigen
- Werbesendungen
- Messeteilnahmen
- Online-Werbung
- PR- und Öffentlichkeitsarbeit
- Außenwerbung
- Sonstiges

Dann beginnen Sie damit, die einzelnen Rubriken feiner zu unterteilen. Nehmen wir als Beispiel die Rubrik „Anzeigen". Überlegen Sie sich, in welchen Medien Sie Anzeigenwerbung schalten wollen. Zum Beispiel die lokale Tageszeitung, Stadtteilzeitungen, Anzeigenblätter,

Gemeindezeitungen, Vereinsblätter, Gelbe Seiten, IHK-Zeitschrift. Legen Sie für jede dieser Medien eine eigene Unterrubrik an.

Zweites Beispiel: Legen Sie Unterrubriken für „Außenwerbung" an. Fahnen, Fensterfolien, Taxiwerbung, Plakate, Gebäudebeschriftung.

Genauso verfahren Sie mit allen anderen Rubriken. Legen Sie also in der 1. Spalte links die verschiedenen Rubriken und darunter dann die jeweils passenden Unterrubriken an.

In der ersten Zeile Ihrer Excel-Tabelle tragen Sie nun von links nach rechts die einzelnen Monate ein. Jetzt können Sie für jede Unterrubrik Monat für Monat einen passenden Etat festlegen und so Ihre Werbeaktivitäten präzise planen.

Wenn Sie Ihre Tabelle dann vollständig ausgefüllt haben, sind Sie bestens auf das neue Jahr vorbereitet und können vom ersten Tag an gezielt Ihre Marketingaktivitäten koordinieren.

5. Kunden gewinnen Schritt für Schritt-für-Schritt

Selbst viele gestandene mittelständische Unternehmen, die bereits seit vielen Jahren am Markt erfolgreich sind, gehen bei ihrer Werbung erschreckend konzeptlos vor. Da wird häufig Werbung nach dem Gießkannenprinzip betrieben und verschiedene Felder werden ohne jeden Zusammenhang beackert. Da werden Anzeigen in der Tageszeitung zur Imagepflege geschaltet, es werden Anzeigen in Fachzeitschriften geschaltet, Es werden Plakate aufgestellt, Werbung auf Bussen und Taxen geschaltet. Nebenbei wird natürlich auch noch ein bisschen Internet gemacht, denn eine Webseite gehört heute ja bekanntlich mit dazu. Ab und an wird dann auch noch einmal eine Veranstaltung durchgeführt, zum Beispiel eine Wohltätigkeitstombola, damit man auch mal in der lokalen Presse etwas Positives über das Unternehmen liest. Kunden werden auf diese Weise aber nicht wirklich gewonnen. Im Gegenteil: Ein Großteil des oft nicht unerheblichen Werbeetats verpufft ohne nennenswerte Wirkung.

Es wird viel gemacht, aber nach dem Motto: „viel hilft viel!". Leider ohne Plan und ohne Zusammenhang. Was soll zum Beispiel ein Kunde, der bereits einmal in Ihrem Laden war, mit einem Werbeflyer anfangen, der im Wesentlichen eine Anfahrtsskizze und eine allgemeine Leistungsbeschreibung Ihres Geschäfts enthält?

Erfolgreiches Marketing basiert auf einer Schritt-für-Schritt-Strategie, die den Kunden jeweils da abholt, wo er sich befindet. In den meisten Fällen sind mehrere Schritte notwendig, damit ein Kunde zu Ihnen findet und sich letztlich zu einer Kaufentscheidung durchringt. Es sind mehrere Schritte, die vollzogen werden müssen, damit aus einem zufälligen Besucher ein Interessent und aus einem Interessenten schließlich ein Kunde werden kann. Und diese Kundenbeziehung muss dann wiederum weiter gepflegt werden und durchläuft ihrerseits wieder verschiedene Entwicklungsstufen.

Legen Sie sich eine Strategie zurecht, mit der Sie Ihre Kunden Schritt für Schritt zum Kauf (ver)führen können.

Ermitteln Sie genau, welche Schritte ein Kunde normalerweise in Ihrem Unternehmen nehmen muss, bevor es zum Kauf kommt. Vielleicht kommt der erste Kontakt üblicherweise telefonisch zustande und dann folgt ein Ladenbesuch, in dem der Kunde allgemeine Informationen einholt und einen Prospekt mit nach Hause bekommt. Daraufhin erfolgt dann ein Nachfasstelefonat usw. Wie der Ablauf und die Struktur des Ganzen beschaffen ist, kann natürlich von Unternehmen zu Unternehmen sehr verschieden sein. Wenn Sie eine Würstchenbude betreiben ist die Zahl der Schritte, die ein Interessent unternehmen muss, um bei Ihnen zahlender Kunde zu werden, denkbar gering. Sind Sie dagegen Immobilienmakler oder verkaufen Sie komplexe Werkzeugmaschinen an gewerbliche Kunden, dann wird sich der gesamte Verkaufsprozess deutlich komplexer darstellen und der Aufwand, um für jeden Schritt das passende Werbemittel bereitzustellen, erhöht sich.

Aber es lohnt sich dennoch. Denn wenn Sie Ihre Kunden mit der richtigen Werbung immer dort abholen, wo der Kunde sich mental gerade befindet, dann wird die Erfolgsquote Ihrer Werbung dramatisch ansteigen.

Stellen Sie systematisch die verschiedenen Entfernungsebenen zusammen, auf denen ein Kunde auf Sie zukommen soll. Ist er ein Stammkunde, ein Erstkunde, ein Interessant oder nur ein zufälliger Besucher? Erstellen Sie für jede dieser Ebenen passendes Werbematerial, mit dem Sie den Kunden auf die nächstnähere Ebene führen.

Dieses Prinzip der Schritt-für-Schritt-Kundengewinnung funktioniert offline ebenso wie im Internet. Auch im Internet haben Sie es mit den verschiedensten Typen von Interessenten und Kunden zu tun. Vom zufälligen Besucher, der sich über irgendeinen Link auf Ihre Website verirrt hat über den qualifizierten Besucher, der bereits ein bestimmtes Anliegen im Hinterkopf hat, als er ganz gezielt Ihre Webseite besucht, über den Interessenten, der konkretes Infomaterial anfordert und sich in Ihren Newsletter einträgt bis hin zum Erstkunden, der schließlich online seine erste Bestellung tätigt.

Legen Sie sich eine Strategie zurecht und bestimmen Sie, welche Ebenen es gibt und auf welcher Ebene Sie Ihren Kunden mit welchem Werbemittel abholen möchten und auf die nächste Ebene führen wollen. Sie brauchen ein klares Kommunikationskonzept. Das gilt offline in Ihrem „Brick-And-Mortar-Shop" genauso wie online auf Ihrer Homepage.

Wenn Sie auf Google Werbung schalten, sollten Sie unbedingt für jede Google-Anzeige eine eigene, sogenannte Landingpage erstellen. Es gibt nichts Schlimmeres, als auf Google Werbung für ein konkretes Angebot, eine konkrete Problemlösung zu schalten und dann den Besucher, nachdem er auf die Google-Anzeige geklickt hat, auf Ihre Homepage zu schicken. Wenn ein Kunde auf eine Google-Anzeige klickt, in der Sie beispielsweise Haartransplantationen anbieten, dann will der Kunde auf der Website auch sofort umgehend Informationen zu diesem Thema haben. Und sich nicht erst durch die Navigation Ihrer Homepage wühlen müssen, wo Sie zusätzlich Nasenkorrekturen oder Brustvergrößerungen anbieten. Die Aufmerksamkeitsspanne von Menschen im Internetzeitalter ist kürzer denn je. Wenn eine neu geöffnete Webseite nicht binnen zwei Sekunden das Interesse des Lesers weckt, ist derjenige sofort wieder verschwunden und klickt weiter zur nächsten Seite. Sie müssen also auch bei der Gestaltung der Landingpages vorher genau überlegen, wo Sie Ihren Kunden abholen – was sich im Wesentlichen nach dem Anzeigeninhalt richtet.

Eine komplexere Aufgabe ist die optimale Gestaltung der Homepage. Sie müssen es dort Besuchern so einfach wie möglich machen, Kontakt mit Ihnen aufzunehmen, Ihren Newsletter zu abonnieren. Für jeden Besuchertyp müssen Sie dort die passenden Informationen bereitstellen.

6. Suchen Sie Hilfe von außen

Möglicherweise kommen Sie bei Ihren Marketingbemühungen irgendwann an einen toten Punkt. An einen Moment, bei dem Sie das Gefühl haben, dass es einfach nicht mehr weitergeht: Auch wenn Sie sich noch so sehr bemühen, sich nächtelang den Kopf zerbrechen und versuchen, alles menschenmögliche zu tun, so wird es Tage geben, an denen Ihnen Zweifel an Ihren Marketingbemühungen kommen. Wo Sie nicht mehr sicher sind, ob Sie noch auf dem richtigen Weg sind. Wo Sie womöglich Fehler gemacht haben, die Sie selbst einfach nicht mehr erkennen können, weil Sie den Wald vor lauter Bäumen nicht sehen.

Wenn sich die Gedanken immer und immer wieder um das Marketing der eigenen Firma und des eigenen Produktes drehen, dann kann es vorkommen, dass Sie in einer mentalen Sackgasse landen, in der Sie das Gefühl haben, dass Sie nicht mehr weiterkommen und nicht mehr wissen, wie Sie weiter vorgehen sollen. Möglicherweise können Sie nicht mehr selbst erkennen, was erfolgversprechend ist und was nicht, welche Maßnahmen Zeit- und Geldverschwendung sind und was Sie und Ihr Unternehmen wirklich in Sachen Marketing voranbringt. Wenn Sie in so einer Situation gefangen sind, sollten Sie etwas tun, was leider vielen Unternehmern oder Unternehmensgründern schwerfällt. Denn diese Menschen wollen oft gerne alles selbst machen und vielen fällt es schwer zu delegieren oder Rat von außen anzunehmen oder zu suchen.

Es wird Ihnen aber schwerfallen, Fehler in Ihrer Marketingstrategie auf eigene Faust zu entdecken. Denn Sie haben Monate und Wochen Ihrer ganzen Kapazität auf das Ausarbeiten dieser Strategie konzentriert. Dabei wird man automatisch betriebsblind und die Gedanken bewegen sich in einem Tunnel. Es fällt in so einer Situation nicht leicht, den Rat von Außenstehenden einzuholen, die ja gar nicht so viel Ahnung von der Materie haben wie Sie und gar nicht in Ihr Projekt involviert sind.

Genau das ist es aber, was in so einer Situation dringend gemacht werden sollte. Sprechen Sie mit anderen Menschen über das Problem. Suchen Sie Rat bei anderen. Das kann ein Unternehmerstammtisch sein, das können aber auch Freunde oder Bekannte sein. Manchmal können gerade völlig fach- und branchenfremde Personen wertvolle Hinweise liefern, wo der Schuh drückt und wo möglicherweise etwas schiefläuft. Vielleicht brüten Sie schon seit Ewigkeiten über einem neuen Slogan und wissen nicht, für welche Variante Sie sich entscheiden sollen. Nach einem Bier mit einem Freund kommen Sie womöglich zu dem Schluss, dass keine der beiden Versionen tauglich ist und gehen das Ganze noch einmal völlig neu an. Manchmal braucht es den Rat eines Dritten, damit ein unlösbar erscheinender gordischer Knoten einfach zerschlagen werden kann und Sie mit frischen Kräften und neuen Ideen die Arbeit an ihrem Marketing wiederaufnehmen können.

Natürlich gibt es auch komplexere Probleme, die vielleicht auch einfach Ihre Fachkenntnisse überfordern. In so einem Fall kann auch ein fachlich versierter, externer Marketingberater eine wertvolle Hilfe sein. Es gibt solche externen Berater wie Sand am Meer. Leider taugen nicht alle wirklich etwas. Allerdings sind manche von diesen Leute echte Könner auf Ihrem Gebiet und können dafür sorgen, dass Sie mit Ihrem Marketing in völlig neue Dimensionen vorstoßen können. In Dimensionen, die Sie bisher noch gar nicht in Betracht gezogen haben.

7. Finden Sie Ihre Marke

Ein wichtiger Eckstein Ihrer Marketingstrategie ist der Aufbau einer eigenen Marke. Marke kommt von markieren, von merken. Und eine gute Marke kann wirklich lange im Gedächtnis bleiben. Manche Marken wie Schweppes oder Coca-Cola haben bereits weit mehr als 100 Jahre überdauert und weltweiten Bekanntheitsgrad erreicht. Viele Marken sind zu einem Synonym für eine ganze Produktgruppe geworden. Denken Sie zum Beispiel an Tesafilm für Klebestreifen oder Nivea für Hautcreme. Beides übrigens Marken der Firma Beiersdorf AG.

Eine gute Marke, der richtige Firmenname, muss einprägsam sein, positive Assoziationen wecken und den Sinn Ihres Unternehmens auf den Punkt bringen.

Dabei gibt es eine Menge zu beachten. Der Name muss gut klingen und prägnant sein. „Computerservice Schulte" transportiert zwar alle notwendigen Informationen, hat aber keinen Wiedererkennungswert und keine Prägnanz und unterscheidet sich nicht von PC-Service Meyer. Je nachdem, was Sie anbieten, können originellere Bezeichnungen wesentlich besser wirken. „Der Computerdoktor" oder „PC-Notarzt" sind jedenfalls wesentlich bildhafter und heben sich deutlicher von der Konkurrenz ab. Das soll nicht heißen, dass Sie Ihren eigenen Namen nicht verwenden sollen. Andererseits, wenn Sie einen schwer aussprechbaren und schwer buchstabierbaren Doppelnamen haben, dann spricht sicher nichts dagegen, wenn Sie Ihren Familiennamen nicht in den Vordergrund stellen.

Wenn Sie eine Gesellschaft gegründet haben, hat das den Vorteil, dass Sie den Namen Ihres Unternehmens völlig frei wählen können und Ihren eigenen Namen bei der Namensgebung völlig außen vorlassen können – aber keineswegs müssen.

Anders sieht die Sache aus, wenn Sie Einzelunternehmer sind – in diesem Fall führt an der Nennung Ihres Vor- und Nachnamens im Firmennamen kein Weg vorbei.

Trotzdem können Sie auch als Einzelunternehmer unter einer prägnanten Firmenbezeichnung auftreten, die Sie Ihrem eigenen Namen voranstellen können.

Fiktives Beispiel.: Das Wurstmobil – Imbiss Dieter Talg

Zusammengefasst: Worauf Sie bei Ihrem Firmennamen achten sollten

Prägnanz: Ihr Name darf nicht zu lang sein, damit er sich gut einprägt und im Gedächtnis verankert. Andererseits muss er sich trotz der Kürze noch ausreichend von der Konkurrenz abheben, um als interessant und ungewöhnlich wahrgenommen werden kann.

Positive Assoziation: Der Name muss eine positive Assoziation wecken. Leider wecken nicht alle Wörter bei allen Menschen gleichermaßen positive Assoziationen. Tauben sind für viele Menschen ein Symbol des Friedens, für andere dagegen einfach nur Krankheitsüberträger und „Flugratten". Achten Sie deswegen darauf, dass Ihr Markenname nur positive Assoziationen wecken kann und wählen Sie Wörter, bei denen es möglichst keine Zweideutigkeiten gibt.

Guter Klang: Ein Markenname muss einen angenehmen Klang haben. Generell wecken Vokale mit höherer Tonlage wie „e" und „i" und „a" eher positive Assoziationen während „o" und „u" leicht etwas dunkler und pessimistischer klingen können. Interessante Beispiele hierzu sind „Maggi" und „Knorr". Oder „expedia" versus „opodo". Besonders, wenn Sie eine neue Marke in Form eines Kunstwortes etablieren wollen, empfiehlt es sich, die Klangfarbe genau zu studieren und verschiedene Alternativen gegeneinander auszutesten, um eine optimale Lösung zu finden.

Eindeutigkeit: In unserem globalisierten Zeitalter müssen Sie auch darauf achten, dass ein Name in anderen Sprachen oder Kulturkreisen keine andere, womöglich negative Bedeutung hat. Schon mehrfach ist es vorgekommen, dass multinational agierenden Unternehmen auf diesem Gebiet peinliche Schnitzer unterlaufen sind, die nicht hätten passieren müssen. Recherchieren Sie in jedem Fall sorgsam, besonders wenn Sie Ihre Dienstleistung oder Ihr Produkt ausdrücklich auch an Kunden ausländischer Herkunft verkaufen wollen.

Schutzwürdigkeit: Wenn Sie schließlich und endlich den richtigen Firmennamen oder Produktnamen gefunden haben, sollten Sie sich Ihren Namen unbedingt schützen lassen, damit Ihre Kreation Ihnen nicht von anderen Mitbewerbern abspenstig gemacht werden kann. Eine Marke beim Deutschen Patentamt eintragen zu lassen, kostet nicht mehr die Welt und kann online erledigt werden. Sie müssen für das Eintragen einer Marke mit einer Gebühr von 300 bis 400 Euro rechnen. Allerdings ist nicht jeder Name automatisch schutzwürdig. Sie können sich zum Beispiel nicht ein Wort als der Alltagssprache wie „Tisch" oder „Stuhl" schützen lassen. Ein Name wie „Windows XP" (übersetzt Fenster XP) wäre in Deutschland wohl nicht schutzwürdig, hätte man versucht den Namen hier einzutragen, dann wäre die Eintragung womöglich wegen mangelnder Schutzwürdigkeit abgelehnt worden.

Wichtig ist, dass Sie vor der Eintragung einer Marke überprüfen, ob der Markeneintrag womöglich die Rechte Dritter verletzt, also es womöglich Firmen gibt, die sich bereits einen identischen oder sehr ähnlichen Markennamen haben schützen lassen. In so einem Fall kann es im Nachhinein juristischen Ärger geben, den Sie tunlichst vermeiden sollten.

8. Wie Sie zu einem guten Slogan kommen

Ein guter Slogan für Ihr Unternehmen ist die perfekte Ergänzung für einen guten Markennamen. In dem Slogan für Ihr Unternehmen versuchen Sie, die ganze Quintessenz dessen, was Sie für Ihren Kunden bieten, in einen kurzen Satz zu fassen. Stellen Sie sich den Slogan als nochmals drastisch verkürzte Form des Elevator-Pitchs vor, versuchen Sie praktisch alles, was Ihr Unternehmen ausmacht, in einem Satz auszudrücken. Gute Slogans setzen sich im Gehirn des Konsumenten fest und können dort jahrzehntelang präsent bleiben, wenn Sie sich einmal verankert haben.

Einige Beispiele für erfolgreiche Slogans:

- Persil, da weiß man was hat
- Ich liebe es! (McDonald's)
- Wo Du gern bist, weil man gut isst. (McDonald's)
- Nichts ist unmöglich
- Mars macht mobil, bei Arbeit, Sport und Spiel
- Haribo macht Kinder froh (und Erwachsene ebenso).
- Der Weiße Riese: Seine Waschkraft macht ihn so ergiebig
- Keine Experimente! (Wahlslogan von Konrad Adenauer)

8.1. Wie kommen Sie zu einem guten eigenen Slogan?
Es gibt verschiedene Techniken, um Slogans zu entwickeln. Etwas Kreativität ist dabei eine wichtige Voraussetzung. Sie können zum Beispiel versuchen, die fünf wichtigsten Merkmale Ihres Produkts in einem kurzen Satz auf den Punkt zu bringen. Das Entwickeln eines guten Slogans ist keine ganz einfache Aufgabe.

8.2. Hilfsmittel und Ressourcen, um Slogans zu entwickeln

Zum Glück gibt im Internet inzwischen einige hilfreiche Webseiten, die Ihnen bei der schweren Aufgabe, ein passendes Logo zu entwickeln, ein wenig zur Hand gehen können.

Auf www.slogans.de finden Sie eine umfangreiche Datenbank aus Jahrzehnten deutscher Werbegeschichte. Manche der Slogans werden Ihnen noch aus der Kindheit vertraut sein. Lassen Sie sich von dem riesigen Bestand an Slogans inspirieren.

Auf www.sloganizer.de finden Sie ein Tool, mit dem Sie automatisch aus einem Substantiv, einem Adjektiv und einem Verb zahlreiche verschiedene Slogans generieren können. Die so erzeugten Slogans sind zwar in den seltensten Fällen sofort praxistauglich, aber Sie können damit zumindest Ihre Fantasie anregen und sich inspirieren lassen. Probieren Sie verschiedene Kombinationen aus und finden Sie vielversprechende Ansätze, aus denen Sie mit etwas Glück einen neuen Slogan herausarbeiten können.

Reime sind für Slogans gut geeignet, aber auch Alliterationen bieten eine gute Grundlage für erfolgreiche Slogans.

9. Corporate Identity

Ein einheitliches Erscheinungsbild Ihres Unternehmens in der Öffentlichkeit ist ein wichtiger Faktor für ein erfolgreiches Marketing Ihres Unternehmens. Das äußere Erscheinungsbild Ihres Unternehmens, auch als CI oder Corporate Identity bezeichnet, und das Verhalten und das Auftreten der Mitarbeiter müssen zusammenpassen.

Es gibt viele Faktoren, die für eine passende CI zusammenwirken müssen. Marke und Logo müssen mit Farbgebung und passenden Schrifttypen zusammenwirken. Werbeanzeigen, Visitenkarten, Prospekte, Plakate, Außenwerbung und Firmenfahrzeuge – alles das muss zusammenpassen und ein harmonisches äußeres Erscheinungsbild ergeben. Selbstverständlich wird auch das Firmenlogo und der Slogan, wo immer es sinnvoll und möglich ist, an passender Stelle in die verschiedenen Materialien integriert.

Es ist nun mal das äußere Erscheinungsbild, das den ersten Eindruck bestimmt. Das ist bei der Partnerwahl genauso wie bei der Entscheidung für einen Geschäftspartner. Deswegen ist es auch so wichtig, dass Sie sich ein passendes, in sich stimmiges Erscheinungsbild für Ihr Unternehmen zulegen. Denken Sie zum Beispiel an die Telekom, wo sich die Farbe Magenta konsequent durch alle Auftritte des Unternehmens zieht. Zu einer guten Corporate Identity gehört auch eine passende Hausschrift, die Sie für alle Ihre schriftlichen Auftritte verwenden, seien es nun Visitenkarten, Rechnungen, Angebote oder Prospekte.

Neben der CI gibt es auch noch das Corporate Behaviour, CB. Also das Verhalten des Unternehmens beziehungsweise der Unternehmensmitarbeiter nach außen. Wenn Sie sich als frisches, innovatives, modernes und kundenorientiertes Unternehmen präsentieren, dann sollte das Unternehmen in der Öffentlichkeit auch so agieren und beispielsweise jederzeit telefonisch für den Kunden erreichbar sein.

Was Sie nach außen kommunizieren und wie Sie es sagen – alles muss ein einheitliches, in sich schlüssiges Erscheinungsbild ergeben. Dann machen Sie auch auf Ihre Kunden einen professionellen und vertrauenerweckenden Eindruck.

Auf der folgenden Webseite finden Sie jede Menge weiterführende Informationen zu diesem wichtigen Thema, bei dem leider gerade von Unternehmensgründern oft Fehler gemacht werden und am falschen Ende gespart wird:

www.ci-portal.de

10. Wo ist Ihr Platz im Leben Ihres Kunden

Ihr Kunde will die meiste Zeit seines Lebens gar nicht Ihr Kunde sein, sondern einfach nur in Ruhe gelassen werden. Nur wenn es darum geht, zu bestimmten Anlässen ein konkretes Problem aus dem Weg zu räumen, will Ihr Kunde wirklich Ihr Kunde sein und wird sich bei Ihnen bemerkbar machen. Damit Sie sein Problem so schnell wie möglich lösen und er sich anschließend wieder in sein Leben zurückziehen kann.

Für Sie ist es gut zu wissen, wann diese Momente im Leben Ihres Kunden gekommen sind. Was passiert im Leben Ihres Kunden, bis er zu Ihnen kommt Ihre Hilfe benötigt?

Von der Wiege bis zur Bahre brauchen wir die verschiedensten Dienstleister oder Produkte, die alle ihre Zeit haben und die wir alle zu einem ganz bestimmten Zeitpunkt brauchen oder wollen. Angefangen mit der Hebamme und endend mit dem Bestattungsunternehmer.

Wie sieht es mit Ihnen aus? Wo kommen Sie im Leben Ihres Kunden ins Spiel?

Der amerikanische Psychologe Abraham Harold Maslow hat hierzu bereits in den fünfziger Jahren ein bekanntes Konzept entwickelt, um die Motivationen des Menschen zu beschreiben. Nach seinem Konzept, der Maslow-Pyramide, bauen die unterschiedlichen Motivationen der Menschen wie eine Pyramide aufeinander auf.

Die Basis der Pyramide bilden die physischen Grundbedürfnisse wie Essen, Trinken und Sex. Als Nächstes wünscht der Mensch sich Sicherheit. Dann kommen soziale Bedürfnisse wie Freundschaften. Schließlich kommen Anerkennung und Selbstvertrauen und schließlich Selbsterfüllung. Ganz zum Schluss kommt das Bedürfnis nach ästhetischer Vollkommenheit. Solange die Basisbedürfnisse nicht abgedeckt sind, werden auch keine Anstrengungen unternommen, um die darüber folgenden Bedürfnisse zu befrieden. Wer nicht genug zu essen hat, hat andere Sorgen als wie er seine Freizeit mit Freunden verbringen kann oder wie seine Altersversorgung beschaffen ist.

Auf welcher Ebene der Maslow-Pyramide würden Sie sich im Leben Ihres Kunden einordnen? Ganz weit oben? Oder ganz unten, bei den Basisbedürfnissen? Verkaufen Sie Versicherungen, so sind Sie relativ weit unten bei der Ebene Sicherheit dabei. Als Juwelier bedienen Sie hingegen Kunden, die häufig aus der obersten Schicht stammen. Wenn Sie eine Imbissbude betreiben oder einen Drogeriemarkt, decken Sie Bedarf aus dem Sockel der Pyramide. Je weiter oben in der Maslowschen Pyramide Ihre Produkte und Dienstleistungen angesiedelt sind, desto mehr können Sie in der Regel verlangen. Wenn Sie sich zum Beispiel auf die Innenausstattung von Luxusyachten spezialisieren, dann haben Sie es zwar einerseits mit einem sehr kleinen Kundenkreis zu tun. Andererseits haben Sie in diesem Segment aber kaum Konkurrenz. Und Sie haben es mit Kunden zu tun, die richtig viel Geld ausgeben können und wollen, weil sie mehr als genug davon haben und alle ihre anderen Bedürfnisse aus den tiefer gelegenen Ebenen der Maslow-Pyramide bereits mehr als hinreichend abgedeckt sind.

Auf den unteren Stufen der Maslow-Pyramide geht es um grundsätzliche Bedürfnisse. Hier gibt es viele Anbieter und es werden meistens Waren und Dienstleistungen zu geringen Preisen angeboten. Zu geringen Preisen, weil es sich eben um grundlegende Bedürfnisse handelt, die für die breite Masse erschwinglich sein müssen. Dann wird es mit jeder weiteren Stufe der Pyramide anspruchsvoller.

Wo auf der Maslow-Pyramide sind Ihre eigenen Waren und Dienstleistungen angesiedelt? Befriedigen Sie einen grundsätzlichen Bedarf aus den unteren Ebenen der Pyramide? Oder sind Sie weiter oben angesiedelt? Gibt es für Sie eine Möglichkeit, ein Produkt oder eine Dienstleitung am Markt zu etablieren, die in den oberen Ebenen der

Pyramide angesiedelt sind?

Was müssen Sie tun, um ein Angebot zu erstellen, das in den oberen Ebenen der Pyramide angesiedelt ist? Sie wissen, die Menschen haben dort mehr Geld und geben es bereitwilliger aus. Und weniger Konkurrenz gibt es dort auch. Und je weniger der Preis eine Rolle spielt, desto höher ist Ihre Gewinnspanne.

11. Werbemailings

Trotz Internet und Smartphones: Der gute alte Werbebrief hat kaum etwas von seiner Wirksamkeit verloren. Vielleicht ist er sogar wirksamer als jemals zuvor. Denn in einer Zeit, in der wir mit elektronischer Werbung nur so überschüttet werden, erregt ein echter Brief aus Papier viel mehr unsere Aufmerksamkeit, als dies früher einmal der Fall gewesen ist. Richtig eingesetzt, kann das Werbemailing eine Ihrer besten Waffen im Marketing werden.

Für einen erfolgreichen Einsatz des Briefs als Werbemedium ist aber nicht nur der Inhalt des Mailings entscheidet. Über Erfolg oder Misserfolg der Aktion entscheidet in fast ebenso starkem Maß der richtige Zeitpunkt, zu dem das Mailing versendet werden muss. Es ist nämlich keineswegs gleichgültig, wann Sie Ihren Werbebrief versenden. Je nachdem, ob sich Ihr Werbebrief an einen privaten oder einen geschäftlichen Empfänger richtet, sind dabei unterschiedliche Aspekte zu beachten. Längst nicht jeder Tag ist ein guter Tag, um Briefe zu verschicken.

Wenn Sie Briefe an Privatkunden verschicken, so ist es günstig, wenn der Empfänger diese am Wochenende erhält. Freitag oder Samstag sind hier ideal. An diesen Tagen hat der Privatkunde mehr Zeit um sich mit Ihrem Mailing zu befassen und die Wahrscheinlichkeit, dass es ungeöffnet in den Papierkorb wandert, ist deutlich geringer, als wenn Ihr Brief an einem Montag oder Dienstag ankommt, wo der Empfänger gestresst ist, womöglich Überstunden arbeiten muss und nur wenig Zeit und Lust hat, um sich mit Ihrem Mailing zu befassen. Natürlich sollten Sie dann zumindest am Samstag auch für den Empfänger erreichbar sein beziehungsweise Ihr Laden geöffnet sein, je nachdem was für eine Art Geschäft Sie betreiben und je nachdem, worum es in dem Werbebrief ging. Achten Sie darauf, dass Kunden-Feedback auf gar keinen Fall ins Leere läuft, sondern Ihr Kunde stattdessen einen

Ansprechpartner vorfindet.

Deutlich anders ist die Situation, wenn Sie Briefe an Geschäftskunden versenden. Hier ist der Montag ein ungünstiger Tag, um Briefe zu empfangen, weil der Brief dann zwischen die noch nicht bearbeitete Post vom Wochenende gerät und entsprechend leicht untergehen kann. Auch der Freitag ist kein guter Tag, denn hier besteht die Gefahr, dass der Brief nicht mehr am gleichen Tag gelesen wird und dann ebenfalls zusammen mit der Post vom Samstag erst wieder Montagmorgen bearbeitet wird.

Je länger Ihr Brief in der Postbearbeitung des Empfängers hängt, desto größer ist die Gefahr, dass er am Ende als unwichtige Werbesendung in der großen runden Ablage entsorgt wird. Das gilt es zu vermeiden. Versuchen Sie Ihre Briefe an geschäftliche Empfänger zwischen Dienstag und Donnerstag zustellen zu lassen. Dann haben Sie gute Chancen, dass Ihr Brief auch wirklich von jemanden gelesen wird und eine Reaktion auslösen kann.

Natürlich müssen Sie beim Versand Ihrer Briefe unbedingt die Postlaufzeiten beachten. Normalerweise ist ein Standardbrief der Deutschen Post nur einen Tag unterwegs. Darauf ist allerdings nicht zu hundert Prozent Verlass. Das Problem: Werbesendungen werden Sie in der Regel bei größeren Auflagen als Infopost verschicken, um Kosten zu sparen. Und hier wird es jetzt haarig: Die Post behält sich nämlich bei Infopostsendungen deutlich längere Laufzeiten vor und behandelt diese Briefe nachrangig. Sie verlieren damit die Kontrolle über die Laufzeit des Briefes und haben kaum eine Möglichkeit, den exakten Empfangszeitpunkt zu bestimmen.

Besser ist es, Sie lassen Ihre Werbebriefe von privaten Dienstleistern versenden, die sich auf den Versand von Werbebriefen spezialisiert haben und Ihnen bestimmte Laufzeiten kontrollieren können. Sie gewinnen damit die Kontrolle über Ihre Werbemailings zurück. Teilweise kann der Versand auf diesem Weg sogar günstiger als über die Deutsche Post sein.

12. Guerillamarketing beim Sport

Xxx

13. Telefonmarketing – Was geht und was nicht?

Kunden per Telefon zu erreichen ist eine naheliegende Idee. Und tatsächlich hat sich das Telefon über viele Jahre als Akquisemittel bewährt. Kundengewinnung per Telefon ist vergleichsweise effizient und preisgünstig und kann einfach an Callcenter als Dienstleister zu vernünftigen Preisen ausgelagert werden. Allerdings hat die Sache spätestens seit dem Jahr 2005 einen Haken: Sie dürfen bei Weitem nicht jeden anrufen.

Wir können im Telefonmarketing zwei verschiedene Typen von Anrufen unterscheiden: Zum einen Business-to-Business (B2B) und zum anderen Business-to-Consumer (B2C). Also einmal Anrufe von einem Unternehmen an ein anderes Unternehmen und Anrufe von Unternehmen an Privatpersonen.

Beim Telefonmarketing mit Privatpersonen gelten strenge Regeln, der Verstoß dagegen ist eine Straftat: Privatleute dürfen Sie nur anrufen, wenn Ihnen ausdrücklich das Einverständnis der betreffenden Person vorliegt oder wenn bereits eine Geschäftsbeziehung besteht und der Angerufene mit Ihrem Anruf rechnet. Gehen Sie nicht das Risiko ein, Privatpersonen ohne deren Einverständnis zu Werbezwecken anzurufen. Es gibt jede Menge Juristen, die nur darauf warten, sich mit einer Abmahnung an Ihnen eine goldene Nase zu verdienen – tun Sie ihnen den gefallen nicht. Sie können stattdessen versuchen, auf andere Weise an die ausdrückliche Erlaubnis zum Anruf zu gelangen. Sie können zum Beispiel ein Gewinnspiel starten – im Internet oder auch im wirklichen Leben – wo die Teilnahme daran gekoppelt ist, dass der Teilnehmer auf einem Internetformular oder einer papiernen Teilnehmerkarte ausdrücklich zustimmt, künftig Werbeanrufe zu empfangen. Gelingt es Ihnen auf diese Weise, eine Zustimmung zu erhalten, steht einem Anruf zu Werbezwecken nichts mehr im Wege.

Etwas günstiger sieht es aus, wenn Sie andere Unternehmen anrufen. Hier gibt es keine so eindeutige Regelung wie bei Privatpersonen, sondern im Gesetz findet sich stattdessen der sehr dehnbar auslegbare Satz, dass Anrufe erlaubt sind, wenn man von einer „mutmaßlichen Einwilligung" des Angerufenen ausgehen kann. Das ist eine sehr schwammige Formulierung, ist aber zumindest insofern eindeutig, dass für das Anrufen bei Unternehmen keine explizite Erlaubnis wie bei Privatkunden benötigt wird.

14. Internet – Das Telemediengesetz

Auch beim Internet geht es nicht ohne eine Reihe von Regeln. Jede Internetseite in Deutschland muss ein Impressum besitzen, das den gesetzlichen Vorgaben entspricht. Und die sind vor allem seit der Neufassung des Telemediengesetzes 2007 umfangreicher geworden als je zuvor. Jede Internetseite muss ein Impressum besitzen aus dem klar der Name des Anbieters hervorgeht. Wenn der Anbieter eine juristische Person ist, muss zusätzlich auch der Name des Geschäftsführers mit angegeben werden. Zusätzlich angegeben werden muss auch die Nummer des Eintrags im Handelsregister sowie die Umsatzsteueridentifikationsnummer.

Des Weiteren muss eine Postanschrift angegeben werden. Eine Postfachadresse reicht leichter nicht, sondern es muss eine ladungsfähige Straßenanschrift sein, über die Einschreiben etc. zugestellt werden können.

Außerdem gehören eine Telefonnummer, eine E-Mail-Adresse und möglichst auch eine Faxnummer ins Impressum.

Wenn Sie Google Analytics verwenden oder Buttons für das Teilen auf Facebook oder anderen Social Media Netzwerken in Ihre Seite integriert haben, sollten Sie besser auch eine Datenschutzerklärung hinzufügen.

Der Rechtsanwalt Sören Siebert bietet auf seiner Homepage einen Impressumsgenerator, mit dem Sie kostenlos einen rechtlich einwandfreien Text mit allen gesetzlich vorgeschriebenen Angaben erstellen können. Den Text dürfen Sie dann anschließend kopieren und direkt auf Ihrer Impressumsseite einfügen. So können Sie sicher sein, dass Ihre Homepage allen gesetzlichen Anforderungen genügt und Sie keine Gefahr laufen, eine kostenpflichtige Abmahnung zu erhalten.

Es gibt in Deutschland leider eine ganze Anwaltsindustrie, die sich auf Abmahnungen spezialisiert hat. Diese Anwälte durchforsten gezielt das Netz nach Webseiten mit fehlendem oder unvollständigem Impressum und verpassen den Inhabern der betreffenden Webseiten kostenpflichtige Abmahnungen, bei denen schnell tausend Euro und mehr zusammenkommen können. Gerade während der Gründungsphase Ihres Unternehmens sollten Sie versuchen, solche unsinnigen Kosten zu vermeiden.

Nehmen Sie das Telemediengesetz daher nicht auf die leichte Schulter.

Auch beim Versand geschäftlicher E-Mails gibt es einiges zu beachten. Werbe-E-Mails dürfen auf gar keinen Fall ohne ausdrückliche Einwilligung des Adressaten verschickt werden. Wenn Sie in Deutschland auf der sicheren Seite sein wollen, sind Sie darauf angewiesen, E-Mail-Adressen mit einem Double-opt-in-Verfahren zu sammeln. Der Empfänger muss dabei einmal seine E-Mail-Adresse in ein entsprechendes Formular eintragen und erhält anschließend eine E-Mail mit einem Bestätigungslink, der noch einmal angeklickt werden muss, bevor der Empfänger rechtlich einwandfrei mit E-Mails informiert werden darf.

Es gibt auch Vorschriften zur Betreffzeile: Die Betreffzeile darf keine irreführenden Texte enthalten wie z. B. „Sie haben gewonnen" oder „Ihr Account wurde gesperrt".

Wichtig ist auch, dass sowohl massenhaft versandte Werbe-E-Mails als auch normale geschäftliche E-Mails in der Fußzeile die komplette Geschäftsadresse und die Kontaktdaten des Unternehmens enthalten müssen, analog zum Impressum in der Website. Legen Sie sich am besten eine Signaturdatei an, die Sie unten in die Fußzeile Ihrer E-Mails einbinden und die alle wesentlichen Kontaktdaten enthält.

Auch hier gibt es zahlreiche Anwälte, die nur darauf warten, Ihnen eine kostenpflichtige Abmahnung zu verpassen.

15. Pressearbeit

Auch wenn die Bedeutung der gedruckten Medien im Internetzeitalter zusehends zurückgeht und viele Zeitungen mit erheblichem Schwund bei der Auflage zu kämpfen haben: In puncto Glaubwürdigkeit wird die gedruckte Zeitung von keinem anderen Medium übertroffen. Noch immer glauben die meisten Menschen, was in der Zeitung steht. Aus diesem Grund ist eine gute Pressearbeit für Ihr Unternehmensmarketing unverzichtbar.

Wenn es darum geht, Ihr Unternehmen positiv in der Öffentlichkeit darzustellen, ist eine gut organisierte und professionell aufgesetzte Pressearbeit ein wichtiges Werkzeug. Gehen Sie die Sache systematisch an und machen Sie sich einen Plan. Bauen Sie systematisch einen Presseverteiler auf, in dem alle Printmedien im Einzugsbereich Ihres Unternehmens enthalten sind: Tageszeitungen, Wochenblätter, Vereinszeitungen, Gemeindeblätter, Kleinanzeigenblätter.

Machen Sie in jeder Redaktion einen passenden Gesprächspartner ausfindig, den Sie direkt kontaktieren können. Die Chance, dass Ihre Pressemitteilungen dann Beachtung finden, ist wesentlich größer, als wenn Sie Ihr Material an eine anonyme Redaktion verschicken.

Es gibt viele Gelegenheiten, um eine Pressemitteilung an die Redaktionen zu schicken. Und wenn es einmal keine Gelegenheit geben sollte, dann können Sie mit ein bisschen Kreativität leicht eine solche erschaffen:

- Ihre Firma macht einen Tag der offenen Tür.
- Ein Kunde hat bei einem Gewinnspiel gewonnen.
- Sie veranstalten eine Tombola und spenden das Geld für einen gemeinnützigen Zweck.

- Sie arbeiten an einer Sache mit, über die sowieso berichtet wird (zum Beispiel baut Ihre Firma den Parkplatz für den neuen Kindergarten).

Versuchen Sie immer, eine interessante, spannende oder lustige Geschichte zu erzählen. Versuchen Sie Dinge aus einem originellen Blickwinkel zu beleuchten. Die Zeitungen suchen interessanten Lesestoff für Ihre Abonnenten. Die Leute wollen unterhalten werden.

Schreiben Sie Ihre Pressemitteilungen immer in kurzen und klaren Sätzen in einer sachlichen und verständlichen Sprache. Schreiben Sie immer so, dass auch ein 14-jähriger Hauptschüler versteht, was gemeint ist.

Schreiben Sie immer in der aktiven Form, z. B.: „Die Firma Schulze feiert 70 Jahre Jubiläum!" anstatt „Bei der Firma Schulze wird das 70-jährige Jubiläum gefeiert".

Legen Sie Ihren Pressemitteilungen wann immer möglich auch ein aussagekräftiges Foto bei. Beschriften Sie das Foto auf der Rückseite mit Namen, Anschrift und Telefonnummer und dem Namen des dazugehörigen Artikels, damit nichts verloren gehen kann, wenn der Umschlag geöffnet worden ist.

In jeder Pressemitteilung müssen Sie darauf achten, dass die sechs W-Fragen beantwortet werden:

- Wer?
- Was?
- Wann?
- Wo?
- Wie?
- Warum?

Hans Wieler

Diese Fragen beantworten Sie dabei am besten auch in dieser Reihenfolge in Ihrer Pressemitteilung. Fassen Sie sich dabei kurz, denken Sie daran, dass der Redakteur keinen Roman gebrauchen kann, der Platz in einer Zeitung ist immer begrenzt. Schreiben Sie sachlich, je weniger Ihr Text sich wie ein Werbetext für Ihr Unternehmen und je mehr er sich nach einer sachlichen Nachricht anhört, desto besser.

Mittlerweile gibt es eine Reihe von Internetportalen, die Ihnen die Arbeit ganz erheblich erleichtern können, in dem Sie Ihre Pressemitteilung an zahlreiche Zeitungsredaktionen weiterleiten. Einige der großen dieser Dienste sind zwar kostenpflichtig, es gibt aber auch kostenlose Anbieter in diesem Bereich, die durchaus ernst zu nehmen sind. Probieren Sie doch einmal

www.pressrelations.de und

www.openpr.de

Beide Anbieter haben einen guten Ruf und werden von den Redaktionen ernst genommen.

Richten Sie auf Ihrer Internetseite einen Bereich für die Presse ein. Stellen Sie dort alle ihre Pressemitteilungen in chronologischer Reihenfolge mit Downloadmöglichkeit sowie den dazugehörigen Fotos zur Verfügung. Stellen Sie auch Ihr Firmenlogo zum Download und verschiedene Fotos allgemeiner Natur über Ihr Unternehmen zum Download für die Presse bereit. Je leichter Sie es den Redakteuren machen, desto größer ist die Wahrscheinlichkeit, dass über Sie berichtet wird.

Nutzen Sie auch die Möglichkeit durch Leserbriefe in Zeitungen Einfluss auf die Öffentlichkeit zu nehmen. Die Leserbriefseite einer Zeitung zählt zu den am meisten gelesenen Seiten. Sie können hier bei minimalen Einsatz einen großen Effekt erzielen.

16. Kundendaten richtig einsetzen

Eine gut geführte Kundendatenbank ist das Herzstück jeder guten Marketingstrategie. Versuchen Sie so viel wie möglich über Ihre Kunden in Erfahrung zu bringen. Füllen Sie Ihre Kundendatenbank mit Leben. Notieren Sie auch scheinbar nebensächliche Informationen über Ihre Kunden. Je mehr Sie den Menschen hinter der Kundenummer kennen, desto besser können Sie auf seine Bedürfnisse eingehen und desto zielgerichteter können Sie Ihre Marketingbemühungen gestalten. Denken Sie an den Unterschied, wenn Sie Brötchen kaufen: In der Bäckerei um die Ecke begrüßt die Verkäuferin Sie mit Namen, erkundigt sich nach Ihrer Gesundheit, weil Sie weiß, dass Sie gerade von einem Unfall genesen und erkundigt sich nach dem Wohlbefinden der Kinder. Im Supermarkt bekommen Sie allenfalls ein „hallo" oder „guten Tag" und dann wird die Kassiererin zügig Ihre Einkäufe über den Scanner schieben und kassieren. Der Wohlfühlfaktor ist in der Bäckerei um die Ecke wesentlich höher.

Sie können mit der Bäckerei wahrscheinlich kaum konkurrieren, denn die Verkäuferin dort hat das Wissen über die Kunden in ihrem Gedächtnis gespeichert. Wahrscheinlich ist der Kundenkreis auch kleiner. Trotzdem sollten Sie versuchen, diesem Ideal so nahe wie möglich zu kommen und so viel Details wie möglich über Ihre Kunden herausfinden. Wenn Sie Ihre Kunden persönlich besuchen, sollten Sie immer einen Notizblock und einen Stift mitnehmen, um sich eventuelle Neuigkeiten notieren zu können. Schreiben Sie auf, was Ihr Kunde für Hobbys hat, was er für die berufliche Zukunft seiner Kinder plant, wohin er in Urlaub gefahren ist, welche Vorlieben und Abneigungen er hat. Je mehr Sie über Ihren Kunden wissen, desto besser können Sie auf ihn eingehen. Wenn Sie seinen Traum vom eigenen Ferrari kennen, können Sie ihn zu seinem Geburtstag mit einem kleinen Modellauto anstatt mit einer der üblichen Glückwunschkarten überraschen.

Strukturieren Sie dazu Ihre Kundendatenbank entsprechend und legen Sie dort ausreichend zusätzliche Felder für Notizen an. Versuchen Sie immer auch die private Festnetznummer und die Mobilfunknummer Ihres Kunden herauszubekommen. Auch E-Mail und Facebook sollten nicht fehlen. Unter Umständen können Sie auch aus den öffentlichen Facebook-Einträgen Ihres Kunden einige interessante Informationen darüber entnehmen, wie er tickt.

17. Eine Internetseite kostenlos aufbauen

Wir leben, was das Internet angeht, in fantastischen Seiten. Vor zehn bis fünfzehn Jahren war das Erstellen einer Firmenhomepage noch ein Job, bei dem ohne mehr oder weniger gut spezialisierte Fachleute gar nichts ging. Jede Webseite musste sozusagen individuell von einem Webdesigner für den Kunden angefertigt werden. Bei jeder kleinen Änderung musste wieder der Webdesigner bemüht werden. Selbstverständlich kostete das eine Menge Geld, für heutige Verhältnisse geradezu aberwitzig viel Geld. Ein Blog oder überhaupt eine Internetseite mit regelmäßigen Aktualisierungen zu betreiben, war unter diesen Umständen alles andere als einfach und wegen des Aufwandes für den Webdesigner nicht gerade billig.

Wer komplexere Websites mit regelmäßigen Updates haben wollte, musste wohl oder übel auf sogenannte Content-Management-Systeme (CMS) zurückgreifen.

Dabei wird ein datenbankgestütztes System aufgesetzt, dass es ermöglicht, über ein Backend jederzeit neue Texte und Seiten in die Webseite einzufügen oder zu löschen. Viele dieser Content-Management-Systeme waren sehr komplex und wenig benutzerfreundlich und konnten wiederum nur von Experten bedient werden.

Heute hat sich das Bild völlig gewandelt. Zum einen gibt es natürlich weiter kommerziell angebotene CMS in den unterschiedlichsten Preislagen. Die sollen uns hier aber gar nicht weiter interessieren. Es gibt nämlich kostenlose CMS, die als Open-Source-Projekte betrieben werden und von jedermann, auch von Firmen, unentgeltlich genutzt werden dürfen.

Es sind im Wesentlichen zwei Systeme, die inzwischen den Markt dominieren und die kostenpflichtigen CMS zu einem Nischenprodukt gemacht haben, das eigentlich nur noch für besondere Anwendungen zum Einsatz kommt.

Hans Wieler

1. Wordpress

Wordpress startete ursprünglich als reine Blogging-Plattform und hat sich in den letzten zehn Jahren zu einem vollwertigen CMS gemausert. Das Schreiben eines neuen Artikels ist so einfach, wie ein Word-Dokument zu verfassen und kann nach einer kurzen Einarbeitung problemlos von einer angelernten Kraft erledigt werden. Es gibt zu Wordpress unzählige kostenlose und kommerzielle Zusatzmodule, sogenannte Plugins, mit denen die Funktionalität der Wordpress-Plattform fast beliebig erweitert werden kann. Mehrsprachige Webseiten sind ebenso möglich wie zusätzlich integrierte Onlineshops.

Das Aussehen von Wordpress wird mit sogenannten Themes kontrolliert, die das Design der Webseite bestimmen. Es gibt etliche tausend kostenlose Wordpress Themes, die allerdings nicht alle den Ansprüchen an ein kommerzielles Businesstheme genügen. Anspruchsvollere Themes sind meist kostenpflichtig. Sie können sich auch von einem Webdesigner, der sich mit Wordpress auskennt, ein vorhandenes Theme auf Ihre konkreten Bedürfnisse umarbeiten lassen. Das kostet zwar etwas Geld, dafür haben Sie dann aber auch ein wirklich individuelles Theme für Ihr Unternehmen und keines von der Stange.

2. Joomla

Das zweite kostenlose CMS, das Wordpress mit großem, großem Abstand auf dem zweiten Platz folgt, ist Joomla. Auch Joomla ist kostenlos verfügbar und verfügt über zahllose Themes, die kostenlos downgeloadet werden. Im Wesentlichen trifft das meiste was über Wordpress gesagt wurde, auch auf Joomla zu. Joomla hat allerdings im Laufe der Zeit große Marktanteile an Wordpress verloren.

Mein Tipp: Entscheiden Sie sich für Wordpress, hier gibt es die größte Entwickler-Community, hier finden Sie die meisten kostenlosen Tutorials im Netz, es gibt kaum eine Frage zum Thema Wordpress die sich nicht durch einfaches Googeln in wenigen Minuten klären lässt. Auf YouTube befinden sich ebenfalls zahlreiche Anleitungsvideos zum Thema Wordpress.

18. Content-Marketing

Wenn Sie im Internet erfolgreiches Marketing betreiben wollen, müssen Sie umdenken. Herkömmliche Werbung in Form von Werbeanzeigen funktioniert hier nur in beschränktem Maße. Klassische, grafische Werbebanner, die sich in Ihrer Machart und Gestaltung noch an den Werbeanzeigen in Printmedien orientieren, sind vielfach hinausgeworfenes Geld. Die Menschen surfen nicht im Internet um sich Werbung anzusehen. Die meisten fühlen sich von Werbung belästigt und immer mehr Nutzer statten ihren Browser mit sogenannten Ad-Blockern aus, die dafür sorgen, dass Werbeanzeigen gar nicht erst angezeigt werden und von vorneherein ausgefiltert werden.

Unter diesen Umständen ist es nicht ganz einfach, erfolgreiches Marketing im Internet zu betreiben. Möglich ist es aber dennoch. Allerdings müssen Sie im Internet zu einer anderen Strategie greifen.

Die meisten Webseiten von kleinen und mittelständischen Unternehmen verfehlen Ihren Zweck leider völlig. Es handelt sich meistens um visitenkartenähnliche Webseiten, auf denen die Vorzüge des eigenen Unternehmens gelobt werden, das eigene Angebot beworben wird und im schlimmsten Fall die Firmengeschichte lang und breit wiedergegeben wird. Es finden sich dann Überschriften wie „Willkommen bei Malermeister Müller" und Phrasen wie „Ihr professioneller Partner für alle Malerarbeiten".

Häufig wurden solche Webseiten nicht von professionellen Webdesignern erstellt, sondern oft schon vor Jahren gegen ein Taschengeld vom Sohn irgendeines Mitarbeiters oder Familienangehörigen gestaltet. Es gibt immer noch zehntausende solcher verunglückten Webseiten und sie werden wohl auch nie aussterben.

Solche Webseiten werden, wenn der Kunde sie denn überhaupt bei Google findet, allenfalls nur sehr kurz angeklickt und dann schnell wieder verlassen. Zu Recht. Denn es findet sich hier keinerlei Inhalt, der in irgendeiner Weise für den Kunden relevant ist. Menschen, die im Internet surfen und nach bestimmten Informationen suchen, wollen Problemlösungen. Die meisten Menschen, die im Internet gezielt nach einem Unternehmen suchen, haben ein konkretes Problem, dass sie gelöst haben wollen. Und wenn Sie auf einer Webseite keine Informationen zu dem betreffenden Thema finden, sind sie mit einem Mausklick auf und davon zur nächsten Webseite.

Sie müssen auf Ihrer Webseite Problemlösungen bieten. Sie müssen Inhalte bringen, die für den Kunden relevant sind. Sie müssen Content-Marketing betreiben. Klassischer Verkauf mit marktschreierischer Werbung funktioniert im Internet nur eingeschränkt. Niemand bekommt im Internet gerne etwas verkauft. Wenn Sie im Internet offensiv Werbung betreiben, mit dem Ziel, direkt zu verkaufen, lösen Sie damit in den meisten Fällen eine Abwehrreaktion aus.

Anders sieht es aus, wenn Sie dem Kunden konkrete Lösungen für sein jeweils aktuelles Problem anbieten können. Konkrete Lösungen und nützliche Informationen – danach suchen die Menschen im Internet und genau das müssen Sie ihnen auch auf Ihrer Unternehmenshomepage bieten. Sie holen auf diese Weise den Kunden direkt an seinem Problem ab. Sie können auch auf langatmige Artikel über die eigene Unternehmensgeschichte verzichten. Wenn Sie ihren Kunden nützliche Informationen auf Ihrer Webseite bieten, positionieren Sie sich automatisch als Experte und werden dann auch vom Kunden als solcher wahrgenommen. Ihr Kunde sieht Sie dann als Verbündeten, als Problemlöser und nimmt Sie wesentlich positiver wahr, als wenn Sie Ihn mit offensiven Werbebotschaften bombardieren.

Um es gleich vorweg zu nehmen: Erfolgreiches Content-Marketing erfordert einiges an Arbeitsaufwand, wenn es erfolgreich sein soll. Es wird sich dann in jeder Hinsicht bezahlt machen.

18.1. Elemente einer erfolgreichen Content-Marketing-Strategie

Erfolgreiches Content-Marketing setzt sich aus mehreren Elementen zusammen, die ineinandergreifen und zusammen ein aufeinander abgestimmtes System ergeben, das folgende Ziele verfolgt:

- Sie als Experten darzustellen und zu positionieren
- Dem Kunden nützliche Informationen zu liefern
- Den Kunden dazu zu bewegen, Ihnen freiwillig seine Kontaktdaten zu geben

Blog-Artikel auf Ihrer Unternehmenswebseite

Richten Sie auf Ihrer Webseite einen Blog ein, falls Sie noch keinen haben. Publizieren Sie dort regelmäßig interessante Artikel mit Inhalten, die für Ihre Kunden interessant sind und mit denen Sie gleichzeitig Ihr Fachwissen unter Beweis stellen können. Um beim Beispiel unseres Malermeisters zu bleiben:

Schreiben Sie zum Beispiel einen Artikel über die Gefahren von Feuchtigkeitsschäden und Schimmelpilzen und mit welchen speziellen Anti-Schimmelfarben man diesem Problem am besten zu Leibe rückt. Und warum man diese Arbeiten am besten einem Fachmann überlässt.

- Schreiben Sie über die Vor- und Nachteile von Latex-Farben.
- Schreiben Sie über das Für und Wider von Glasfasertapeten.
- Schreiben Sie über aktuelle Trends bei der Raumgestaltung
- Schreiben Sie darüber, wie wichtig es für den Werterhalt eines Hauses ist, dass die Fassade regelmäßig gestrichen wird. Schreiben Sie darüber, welches die am besten geeignete Farbe dafür ist und welchen Nutzen der Kunde davon hat.

- Zeigen Sie ruhig Beispiele Ihrer Arbeit wie z. B. Vorher-Nachher-Bilder von Häusern, deren Fassaden Sie neu gestrichen haben, damit der Kunde eine Ahnung von der hervorragenden Qualität Ihrer Arbeit bekommt.

Dies ist nur eine kleine Auswahl an möglichen Themen, die Sie in Ihren Blogartikeln behandeln können. Ihrer Fantasie sind hier kaum Grenzen gesetzt.

Wichtig ist, dass Sie Ihren Blog regelmäßig aktualisieren und immer wieder frischen Content veröffentlichen. Das ist leider ein Punkt, an dem die Bemühungen um Content-Marketing häufig scheitern, denn das Schreiben anspruchsvoller Blogartikel ist keine Sache, die man so eben nebenbei erledigen kann. Machen Sie sich beizeiten Gedanken, wie viel Zeit Sie für das Erstellen hochwertiger Blogartikel erübrigen können und legen Sie eine feste Frequenz fest, innerhalb derer Sie neue Artikel veröffentlichen. Sie können beispielsweise all 14 Tage oder vier Wochen einen neuen Beitrag verfassen und veröffentlichen. An diesen Plan sollten Sie sich dann auch halten. Google registriert recht genau, ob ein Blog regelmäßig oder nur sporadisch oder gar nicht gepflegt wird und berücksichtigt das in seiner Wertung entsprechend. Wenn Sie Wert auf eine gute Google-Platzierung legen, sollten Sie somit regelmäßig neue Artikel veröffentlichen.

Kupfern Sie bitte keine Inhalte von Wettbewerbern 1:1 ab. Sie können sich natürlich gerne inspirieren lassen, das ist nicht verboten. Aber hüten Sie sich, Texte zu kopieren. Sie riskieren juristische Probleme, die teuer und anstrengend werden können und Sie riskieren auch, von Google abgestraft zu werden. Der Suchmaschinenriese erkennt, wenn Sie versuchen, geklaute Inhalte auf Ihrer Webseite zu verwerten und Sie sich mit fremden Federn schmücken. Veröffentlichen Sie ausschließlich eigene, hochwertige Inhalte, den sogenannten „Unique Content".

Wenn Ihnen selbst die Zeit fehlt, um Blogartikel zu verfassen, können Sie auch einen Ghostwriter anheuern, der dies für Sie erledigt.

Es gibt inzwischen Agenturen, die darauf spezialisiert sind, Texte für Content-Marketing zu erstellen.

Newsletter

Zu einem guten Contest-Marketing-Konzept gehört in jedem Fall auch ein Newsletter. Wenn Sie eine große Newsletterliste haben, ist das gleichbedeutend mit einer großen Liste an potentiellen Kunden. Denn Ihren Newsletter werden nur Leute abonnieren, die Interesse an den Produkten und Dienstleistungen haben, die Sie anbieten.

Sie können zum Beispiel jedes Mal einen Newsletter verschicken, wenn Sie einen neuen Blogartikel veröffentlicht haben. Sie können den Newsletter auch nutzen, um auf besondere Preisaktionen und Sonderangebote hinzuweisen. Übertreiben Sie es aber auch in Ihrem Newsletter nicht mit Werbung. Der Kunde darf nicht das Gefühl bekommen, mit Werbe-E-Mails überschüttet zu werden, denn davon bekommen wir alle bereits mehr als genug. Nichts wird schneller entsorgt und führt schneller dazu, dass Ihr Kunde sich aus Ihren Newsletter wieder austrägt, als das Gefühl, mit Werbung überschüttet zu werden.

Versenden Sie nicht zu viele E-Mails, damit Ihre Leser sich nicht belästigt fühlen. Versenden Sie aber auch nicht zu wenige. Wenn die Pause zwischen den einzelnen E-Mails Ihres Newsletters zu groß wird, riskieren, Sie dass der Kunde beziehungsweise Interessent sich nicht mehr erinnert, sich in Ihre Liste eingetragen zu haben und das Abo beendet. Oder sich womöglich bei Ihnen wegen vermeintlicher unerwünschter Werbung beschwert.

Damit Ihr Kunde sich in Ihren Newsletter einträgt, sollten Sie ihm einen Anreiz bieten. Das kann ein kleines, gesondertes Infoprodukt sein. Zum Beispiel ein kleines E-Book, das den Kunden mit nützlichen Informationen versorgt, die es anderswo auf Ihrer Webseite so nicht gibt. Das Anmeldeformular für Ihre Newsletter sollte auf allen Seiten Ihrer Webseite leicht erreichbar sein und eine deutliche Aufforderung für den Kunden enthalten, Ihren Newsletter zu abonnieren.

Hans Wieler

Social Media

Zu einer erfolgreichen Content-Marketing-Strategie gehört auch Präsenz in den sozialen Netzwerken. Vor allem Facebook ist unverzichtbar. Aber auch auf Instagram können Sie weitere Interessenten auf Ihre Dienstleistungen aufmerksam machen.

Auf Facebook sollten Sie auf keinen Fall den Fehler machen, Ihren privaten Facebook-Account auch für geschäftliche Zwecke zu nutzen. Machen Sie sich die Mühe, eine separate Facebookseite für Ihre geschäftlichen Aktivitäten anzulegen. Eigens dafür stellt Facebook das Format der „Facebook-Page" bereit. Im Gegensatz zu einem privaten Facebookaccount, wo die Zahl der „Freunde" auf 5.000 limitiert ist, können Sie auf einer Facebookseite so viele Fans in Form von Followern sammeln wie sie wollen. Die Anzahl ist unlimitiert und damit die potentielle Reichweite wesentlich größer.

Außerdem ermöglicht Ihnen eine separate Seite für das Geschäft, Ihr Privatleben und Ihre geschäftlichen Aktivitäten klar voneinander zu trennen, was ansonsten schnell schwierig wird. Schließlich interessieren sich Ihre Kunden weder für Ihre Bilder von der letzten Party noch für Ihre Katzenvideos oder Urlaubsfotos.

Vieles von dem, was über Blogartikel gesagt wurde, trifft auch auf Ihre Facebookeinträge zu. Ganz wichtig: Auf Facebook reagieren Kunden noch sensibler auf unerwünschte Werbung, als das im Internet sonst sowieso schon der Fall ist. Achten Sie also tunlichst darauf, dort keine platten Verkaufsbotschaften abzusetzen, sondern gehen Sie ähnlich vor wie bei Ihren Blogartikeln: Positionieren Sie sich als Experten. Auf Facebook sind aber auch Spaß und Unterhaltung gefragt. Und natürlich Bilder und Videos. Veröffentlichen Sie ruhig kurze Videoclips, die Sie bei der Arbeit zeigen. Facebook ist auch ein großartiges Medium für Vorher-Nachher-Bilder.

Facebook ist das geeignete Medium, um eine persönlichere Beziehung zu Ihren Interessenten aufzubauen. Präsentieren Sie sich und Ihr Unternehmen von der menschlichen Seite und lassen Sie Ihre Besucher an Ihrem Arbeitsalltag und den Geschehnissen rund um Ihr Unternehmen teilhaben.

Je mehr Sie Ihre Facebookbeiträge mit Bildern und kurzen Videos anreichern, desto besser sind in der Regel die Zugriffszahlen und desto höher ist die Aufmerksamkeit, die sie bei Ihren Followern damit erregen.

18.2. Werden Sie Experte!
Ganz egal, in welcher Branche Sie tätig sind: Wenn Sie erfolgreiches Content-Marketing betreiben wollen, brauchen Sie Glaubwürdigkeit. Und nichts steigert die Glaubwürdigkeit wirkungsvoller als ein Expertenstatus. Wenn Sie als Experte auf Ihrem Gebiet wahrgenommen werden, haben Ihre Blogartikel und Facebookbeiträge eine ganz andere Wirkung und Durchschlagskraft. Tun Sie alles, um einen Expertenstatus zu erlangen. Dazu bieten sich eine ganze Reihe von Maßnahmen an:

Schreiben Sie Fachartikel

Veröffentlichen Sie Fachartikel auf anderen, themenrelevanten Webseiten. In der Regel können Sie dort auch einen Link zu Ihrem eigenen Blog einbauen und bekommen auf diese Weise auch zusätzliche Besucher für Ihre Webseite.

Liefern Sie Beispiele Ihrer Arbeit.

Sofern Sie etwas herstellen oder leisten, was in Bild und Ton dargestellt werden kann, machen Sie Bildberichte und Videos und veröffentlichen Sie sie in Ihrem Blog und auf Facebook. Wenn sich Ihre künftigen Kunden selbst ein Bild von Ihrer Arbeit machen können, ist das geradezu optimal.

Hans Wieler

Schreiben Sie ein Buch

Wenn Sie etwas Zeit haben, dann schreiben Sie ein Buch zu Ihrem speziellen Fachgebiet! Sie müssen dabei nicht einen dickleibigen Wälzer verfassen. Es reicht ein schlankes Fachbuch, in dem Sie über interessante Aspekte Ihres Berufs schreiben und mit Ihrem Fachwissen brillieren. Das Buch können Sie dann später auch über Amazon Kindle vermarkten. Ja Sie können via Amazon sogar eine richtige, papierne Taschenbuchausgabe Ihres Werkes anbieten. Dass Sie im Internet jede Gelegenheit nutzen, um auf Ihr Buch hinzuweisen und es zu promoten, versteht sich von selbst. Mit dem Buchverkauf werden Sie kaum reich werden, aber eine Buchveröffentlichung kann auf jedem Fall massiv dazu beitragen, Ihren Expertenstatus zu zementieren. Nicht umsonst heißt es: Wer schreibt, der bleibt.

19. Wie Sie Dienstleistungen verkaufen

Dienstleistungen zu verkaufen ist deutlich schwieriger als physische Produkte. Sie müssen Ihren Kunden etwas verkaufen, was zum Zeitpunkt des Verkaufs noch gar nicht existiert. Zum Beispiel einen Musiklehrer. Woher wollen Sie wissen, ob Ihr Kind nach den ersten zwanzig Stunden wirklich gelernt hat Blockflöte zu spielen? Oder nehmen Sie an, Sie wollen ein Haus bauen. Sie müssen hunderttausende von Euro an einen Bauunternehmer zahlen, während von Ihrem Haus außer einem planierten Bauplatz noch rein gar nichts zu sehen ist. Ob das Haus später qualitativ wirklich ihren Erwartungen entspricht, können Sie zu diesem Zeitpunkt nicht einmal erahnen.

Wenn Sie eine Dienstleistung verkaufen wollen, dann können Sie nicht genau so vorgehen als wenn Sie einem Kunden eine physische Ware verkaufen wollen. Wenn jemand bei Ihnen einen Anzug kaufen will, dann hat der Kunde die Möglichkeit, sich den Schnitt und die Stoffe vorher anzusehen, er kann verschiedene Anzüge anprobieren, sich selbst ein Bild von der Passform machen usw. Schließlich sucht sich der Kunde den Anzug aus Ihrem Sortiment aus, der seinen Bedürfnissen am ehesten entspricht und kauft ihn.

Bei einer Dienstleistung sieht die Sache völlig anders aus. Sie haben kein greifbares Produkt, dass der Kunde anfassen kann. Zum Zeitpunkt des Verkaufs existiert überhaupt noch kein Produkt. Ihr Kunde muss Ihnen einen enormen Vertrauensvorschuss entgegenbringen, um eine abstrakte Dienstleistung bei Ihnen zu kaufen.

Sie können dieses Dilemma lösen, indem Sie sich vergegenwärtigen, was der Kunde eigentlich will. Warum kauft der Kunde die Dienstleistung und was erwartet er davon. Was erhofft sich der Kunde vom Erwerb einer Dienstleistung? Wer zum Friseur geht, erwartet natürlich auch, dass seine Haare gekürzt werden. Wenn es aber nur darum ginge, könnte der Kunde den Job des Haarekürzens genauso gut alleine

Hans Wieler

zu Hause mit der Küchenschere lösen. (Einige wenige Menschen machen das ja tatsächlich).

Die meisten Menschen erwarten sich vom Friseur eine Frisur, die ihr äußeres Erscheinungsbild verbessert, die möglicherweise erste Anzeichen von Haarausfall kaschiert (Geheimratsecken). Beim Friseurbesuch kauft der Kunde die Hoffnung auf ein besseres Aussehen. Beim Besuch eines Fitnessstudios kauft der Kunde nicht stundenlanges Schwitzen in einem muffigen Raum an gefährlich aussehenden Geräten, sondern die Hoffnung auf einen sportlichen und muskulösen Körper.

Wenn Sie Dienstleistungen verkaufen, dann verkaufen Sie nicht die eigentliche Dienstleistung. Sie verkaufen dem Kunden einen konkreten Nutzen und eine Hoffnung. Wenn Sie einen Sicherheitsdienst anbieten, dann bieten Sie dem Kunden Sicherheit und die Hoffnung, nachts unbesorgt schlafen zu können, weil er weiß, dass sein Eigentum geschützt wird und er sich keine Sorgen mehr wegen Einbrechern oder Vandalen machen muss. Sie verkaufen keinen Wachdienst, Sie verkaufen sorgenfreien Schlaf und ein Gefühl der Sicherheit. Und darauf müssen Sie auch Ihr Marketing mit aller Konsequenz abstimmen.

Ein Kunde, der einen Pauschalurlaub in der Türkei bucht, tut das nicht, um einige Stunden ein einem Flugzeug mit wildfremden Menschen zusammengepfercht zu sein und dort Mahlzeiten fragwürdiger Qualität serviert zu bekommen. Er tut das nicht, weil anschließend eine stundenlange Busfahrten einem schlecht klimatisierten Bus durch eine wüstenähnliche Einöde erwartet, bis die Fahrt schließlich an einer Bettenburg im Plattenbaustil endet, 500 Meter vom Strand entfernt. Der Kunde bucht die Reise, weil er seinem grauen Alltag entfliehen will, weil er Träume von Palmen und schneeweißem Sandstrand hat, weil er azurblaues Meer unter einer strahlenden Sonne erleben will.

Sprechen Sie mit Ihrem Marketing die Fantasie und die Emotionen Ihres Kunden an, appellieren Sie an seine Wünsche und Träume, anstatt trockene Fakten zu verkaufen.

Marketing für Anfänger

Ein anderes Beispiel für Immobilienmakler: Immer mehr Makler gehen dazu über, ihre Verkaufsobjekte mit einer speziellen Show-Möblierung zu präsentieren. Der Kunde besichtigt kein leerstehendes Haus, wo jeder Spinnweben und jeder Fleck an der Wand ins Auge sticht, sondern er hat die Illusion einer eingerichteten Wohnung. Bilder an den Wänden und Möbelattrappen auch leichtem Schaumstoffmaterial appellieren an seine Fantasie und er beginnt sich bereits vorzustellen, in dem Haus zu wohnen...

Wenn Sie Dienstleistungen verkaufen, müssen Sie Träume verkaufen, um erfolgreich zu sein.

20. Marketing auf der Messe

Messen sind eine großartige Gelegenheit, Ihren Markt zu erkunden. Nirgendwo sonst haben Sie solche Möglichkeiten, Ihr eigenes Unternehmen ins rechte Licht zu setzen und sich über die Angebote Ihrer Wettbewerber zu informieren. Studieren Sie die Angebote Ihrer Wettbewerber, lassen Sie sich Prospekte und Preislisten geben, eine bessere Gelegenheit um intensive Marktforschung zu betreiben als auf einer Messe gibt es überhaupt nicht.

Gleichzeitig bieten sich großartige Gelegenheiten für Sie, mit neuen potentiellen Kunden und Interessenten ins Gespräch zu kommen. Sie haben auf einer Messe das große Glück, dass Sie es fast nur mit interessiertem Fachpublikum zu tun haben. Dementsprechend hochwertig sind viele der Kontakte, die Sie im Rahmen eines Messeauftritts knüpfen können.

Um erfolgreich einen Messeauftritt bestehen zu können, müssen Sie ein Kommunikationskonzept für die verschiedenen Typen von Messebesuchern in petto haben, mit denen Sie es während Ihres Messeauftritts zu tun bekommen werden. Wir können die Messebesucher grob in folgende Typen einteilen:

- Den Experten
- Den Projektleiter
- Den Geschäftsführer
- Den Trendsetter

Diese vier Typen unterscheiden sich fundamental voneinander. Sie alle besuchen Ihren Messestand, benötigen aber jeweils eine völlig unterschiedliche Behandlung, um Sie von ihrem jeweiligen Standort abzuholen.

Der Experte
Dem Experten geht es vor allem um Zahlen, Daten und Fakten. Er interessiert sich für alle Details eines Produkts und hat eine unendliche Zahl von Detailfragen auf Lager. Fragen zur Produktion, zu technischen Details, das sollten Sie auf dem Stegreif beantworten können. Für diesen Typ von Messebesucher sollten Sie außerdem reichlich Dokumentationen in Form von Tabellen und Datenblättern parat haben. Verbrauchswerte, Lieferanten, Folgekosten... Für den Experten sind es die technischen Fakten, die zählen, und über die er von Ihnen informiert werden muss.

Der Projektleiter
Dem Projektleiter geht es weniger um die technischen Details eines Produkts, sondern vor allem darum, wie es in sein laufendes Projekt integriert werden kann. Er interessiert sich für die Durchführung. Für Lieferfristen, benötigte Manpower um das Produkt in sein Projekt zu integrieren, für aufzuwendende Arbeitsstunden beim Einbau oder den später anfallenden Wartungsaufwand.

Der Geschäftsführer
Der Geschäftsführer besucht Messen mehr mit strategischen Gedanken. Ihm geht es darum, neue Kooperationsmöglichkeiten auszuloten, Kontakte zu knüpfen, sein Netzwerk zu verbessern.

Der Trendsetter
Der Trendsetter will vor allem eins sein: Schneller als die anderen. Der Trendsetter möchte die allerletzte Neuheit gerne auf der Messe erwerben, bevor das Produkt irgendwo im breiten Einzelhandel erhältlich ist. Ihm geht es um das Prestige. Er will sein Umfeld mit den allerletzten Neuheiten beeindrucken und nimmt dafür auch einen langen Messebesuch in Kauf. Der Trendsetter will hip und cool sein. Er spricht gerne darüber, dass er genau weiß, was in der Branche in den nächsten Jahren läuft.

Für Sie heißt das: Sie müssen jeden dieser vier Typen da abholen, wo er steht und das richtige Kommunikationsmittel parat haben. Sie müssen den Experten mit umfassenden technischen Informationen, Statistiken und Datenblättern aller Art versorgen können.

Für den Projektleiter sollten Sie Fallbeispiele, Verfahrensabläufe und Referenzkunden parat haben.

Für den Typus Geschäftsführer können Sie sich Gedanken über Ihr eigenes Netzwerk machen und sich überlegen, wo Sie über einzigartige Kontakte oder Erfahrungen verfügen, die eine Zusammenarbeit mit Ihnen für den Geschäftsführertypus interessant machen könnte.

Für den Trendsetter müssen Sie vor allem Bestätigungen parat haben, dass er tatsächlich im Trend liegt. Weisen Sie auf Innovationen hin, auf neuartige Materialien, auf verbesserte Fertigungstechniken und zusätzliche Features.

Neben den vier bereits genannten Typen von Messebesuchern gibt es noch drei weitere, mit denen Sie jeweils so wenig Zeit wie möglich vergeuden sollten. Aus den folgenden drei Typen von Messebesuchern entwickelt sich leider in den allermeisten Fällen keine Kundenbeziehung:

Der Schnäppchenjäger
Dem Schnäppchenjäger geht es nur darum, auf Messen kostenlose Warenproben, Werbeartikel und alles was sonst noch kostenlos zu haben ist, abzugreifen.

Der Selbstdarsteller
Der Selbstdarsteller möchte am Messestand vor allem mit seinem tatsächlichen oder vermeintlichen Fachwissen brillieren.

Der Mitbewerber
Der Mitbewerber hat vor allem die Absicht, Sie auszukundschaften und möglichst viel über Ihr Geschäftskonzept in Erfahrung zu bringen.

Allen drei letztgenannten Typen ist gemeinsam, dass es mit Ihnen sehr wahrscheinlich zu keinem produktiven Kundengespräch kommen wird. Versuchen Sie darum, mit diesen beiden Besuchertypen so wenig Zeit wie möglich zu verschwenden. Es ist wichtig zu wissen, dass es diese Typen von Messebesuchern gibt, damit Sie sie erkennen können und das Gespräch dann höflich, aber bestimmt beenden können. Widmen Sie sich stattdessen den vier erstgenannten Typen, bei denen Sie gute Chancen zum Aufbau einer produktiven Kundenbeziehung haben.

21. Neue Dienstleistungen mit Kreativmethoden entwickeln.

Der Markt verändert sich ständig und Ihre Konkurrenten entwickeln permanent neue Ideen für Produkte und Dienstleistungen. Sie sollten da nicht zurückstehen. Aber neue Ideen zu entwickeln, ist gar nicht so einfach.

Zum Glück gibt es Methoden, mit denen Sie Kreativität freisetzen können. Auch bei Mitarbeitern, denen Sie bisher gar keine kreativen Einfälle zugetraut haben. Eine dieser Methoden ist die 6-3-5-Methode.

Zunächst einmal brauchen Sie dazu sechs Personen, die an dem Projekt teilnehmen. Das können Mitarbeiter sein, das können aber auch Menschen aus Ihrem Freundeskreis sein. Es gibt jetzt eine Frage, eine Aufgabe, zu der Lösungsansätze gesucht werden. (Was kann ich tun, damit mehr Menschen meine Bockwürste essen wollen?)

Jeder der sechs Teilnehmer schreibt jetzt drei Ideen auf, wie seiner Meinung nach das Problem gelöst werden kann. Dann werden die Zettel jeweils an den rechten Sitznachbarn weitergegeben. Jeder Teilnehmer kommentiert jetzt jeden Vorschlag seiner Nachbarn. Die Zettel werden weitergegeben, bis jeder alle Vorschläge der anderen kommentiert hat. Insgesamt gibt es dann zu jedem Lösungsvorschlag jeweils 15 ergänzende Kommentare, die der ursprüngliche Schöpfer der Lösungsidee jetzt mit einfließen kann. Jetzt kann jeder Teilnehmer seine eigenen Ideen noch einmal überarbeiten und dabei die Anregungen aus den Kommentaren der anderen fünf mit einfließen lassen.

Abschließend können dann die Ergebnisse vorgetragen werden und noch einmal in kleiner Runde diskutiert werden. Meistens wird sich in diesem Stadium bereits herausschälen, welche Gedanken eventuell zu neuen Lösungen führen und welche nicht.

Wichtig für den Erfolg dieser Technik ist, dass Sie den Teilnehmern offene Fragen präsentieren, die nicht ohne weiteres mit „ja" oder „nein" beantwortet werden können.

Die 6-3-5-Methode hat einige entscheidende Vorteile gegenüber anderen Kreativitätstechniken wie beispielsweise dem klassischen Brainstorming. Jeder Teilnehmer ist dazu gezwungen, sich mindestens drei Lösungsvorschläge auszudenken und kann sich daher nicht mit dem ersten besten Einfall zufrieden geben, sondern muss zwei weitere produzieren. Und meistens liegen die wahren Schätze in dem zweiten und dritten Einfall, der erste enthält meist nur das Nächstliegende und das kreative Potential hält sich in ziemlich engen Grenzen.

Dadurch, dass die Zettel im Kreis herumgereicht werden, wird jeder Teilnehmer von den Ideen aller anderen Teilnehmer inspiriert und so zusätzlich in seiner Kreativität angeregt. Dieses Verfahren hat außerdem den großen Vorteil, dass durch das gegenseitige Assimilieren der Ideen der anderen kein unsinniges Konkurrenzdenken aufkommen kann und der Teamgeist gestärkt wird.

Probieren Sie diese Technik einfach einmal aus, Sie werden sehr wahrscheinlich erstaunliche Ergebnisse erzielen. Sie können die Ergebnisse noch verbessern, indem Sie neben einigen Mitarbeitern zum Beispiel auch einen Kunden oder eine völlig branchenfremde Person an der Sitzung teilnehmen lassen. Auf diese Weise fließen oft besonders originelle Gedanken in das Projekt mit ein.

22. Seien Sie einfach besser!

Letzten Endes geht es bei allen Ihren Marketingbemühungen immer nur um Eines: Seien Sie anders und seien Sie besser als Ihre Mitbewerber. Seien Sie anders, damit Sie aus dem grauen Einerlei herausstechen und wahrgenommen werden und seien Sie besser, damit die Kunden zu Ihnen kommen und bei Ihnen bleiben. Und es gibt viele Dinge, bei denen Sie anders oder besser sein können, als Ihre Mitbewerber:

Seien Sie schneller

Seinen Sie preiswerter

Seien Sie freundlicher

Bieten Sie besseren Service

Bieten Sie die kürzere Anfahrt

Das schmackhaftere Essen

Es gibt schon jede Menge ähnliche Unternehmen wie Ihres und wenn Sie auf dem Markt als Neueinsteiger erfolgreich sein, dann müssen Sie sich abheben, Sie müssen einfach anders und besser sein, sonst können Sie auf Dauer nicht am Markt bestehen. Schon gar nicht, wenn Sie womöglich in einem hart umkämpften Marktsegment tätig sind, wo Ihnen ältere und umsatzstärkere Konkurrenten entgegenstehen, die nicht gerade auf Sie gewartet haben und wollen, dass Sie so schnell wie möglich wieder von der Bildfläche verschwinden. Analysieren Sie also jeden Teil, jede Komponente Ihres Unternehmens. Unterwerfen Sie Ihr Unternehmen einem stetigen Verbesserungsprozess: Wo können Sie etwas verändern, wo können Sie etwas verbessern? Machen Sie vor nichts Halt und nehmen Sie keinen Teil Ihres Unternehmens von diesen Überlegungen aus.

Sehen Sie sich erfolgreiche Unternehmer an. Sie alle haben solange verbessert und verändert, bis es ihnen gelungen ist, Ihr Unternehmen zu hundert Prozent an den Bedürfnissen des Kunden auszurichten. Zum Beispiel war Apple keineswegs immer eine Erfolgsgeschichte und die Firma musste bereits einige schwere Krisen überstehen, bis es Steve Jobs gelang, mit dem iPhone ein neuartiges Mobiltelefon zu verkaufen, auf das die Verbraucher offenbar gewartet hatten. Jobs' Innovation hat heute, kaum 10 Jahre später, alle herkömmlichen Mobiltelefone praktisch vom Markt verdrängt und dabei einige ehemals bedeutende Hersteller wie Nokia an den Rand der Bedeutungslosigkeit gebracht.

Dies konnte geschehen, weil diese Unternehmen es nicht verstanden haben, rechtzeitig auf die Neuheit „Smartphone" zu reagieren und sich stattdessen auf ihren Lorbeeren ausgeruht haben. Mit dem iPhone hat der Seiteneinsteiger Apple, der vorher niemals im Telefonmarkt tätig war, eine ganze Branche umgekrempelt und zugleich die Art und Weise, wie wir das Internet nutzen, radikal verändert.

Ruhen Sie sich niemals auf Ihren Lorbeeren aus, machen Sie immer weiter und geben Sie nicht auf. Es braucht Zeit und Geduld und in den seltensten Fällen funktioniert ein Marketingkonzept von Anfang an optimal. In den seltensten Fällen ist das Produkt schon von Beginn an perfekt. Der Erfolg kommt mit der ständigen, fortlaufenden Verbesserung.

Darum:

- Bleiben Sie dran!
- Werden Sie immer besser!
- Verändern Sie sich ständig!
- Verbessern Sie laufend Ihre Strategie!

Dann wird sich auch der Erfolg Ihrer Bemühungen einstellen.

Printed in Poland
by Amazon Fulfillment
Poland Sp. z o.o., Wrocław